Ou Eu,
Ou Ela!

Ou Eu, Ou Ela!

Cenas de um relacionamento extraconjugal

Sílvia Ricardo
A. C. Amador Pereira

editora HARBRA

Direção Geral:
Julio E. Emöd

Supervisão Editorial:
Maria Pia Castiglia

Revisão de Texto:
Maria Lúcia G. Leite Rosa

Revisão de Provas:
Carla Castiglia Gonzaga
Grasiele Lacerda Favatto

Editoração Eletrônica:
Mônica Roberta Suguiyama

Capa:
AM Produções Gráficas Ltda.

Fotolitos:
Process Soluções Gráficas

Impressão e Acabamento:
Cromosete Gráfica e Editora Ltda.

OU EU, OU ELA! Cenas de um relacionamento extraconjugal

Rua Joaquim Távora, 629 – Vila Mariana
04015-001 – São Paulo – SP
Promoção: (011) 5084-2482 e 5571-1122. Fax: (011) 5575-6876
Vendas: (011) 5549-2244, 5084-2403 e 5571-0276. Fax: (011) 5571-9777

ISBN 85-294-0245-6

Impresso no Brasil *Printed in Brazil*

Sumário

Prefácio

O relacionamento entre um homem e uma mulher envolve uma multiplicidade de possibilidades e escolhas dramáticas. Não há quem não conheça, ou até mesmo tenha vivido, pelo menos uma história na qual um dos membros do casal viu-se envolvido num relacionamento extraconjugal.

Este livro é o resultado de uma parceria caracterizada por longas e animadas conversas a respeito do tema, em que percebemos como essas situações mexem com as pessoas, despertando sentimentos carregados de paixão, de culpas, de sonhos e de sombras. Na maioria das vezes essas situações são abordadas apenas entre pessoas conhecidas, o que nos leva a tomar uma posição baseada em nossas relações afetivas com um dos envolvidos, ou em valores morais, sem qualquer reflexão mais demorada.

As histórias apresentadas, embora inspiradas em situações verdadeiras, são construções literárias. Os enredos, sempre apresentados a partir do ponto de vista feminino, envolvem personagens fortes e ao mesmo tempo frágeis, como seres humanos. Ao final de cada história há *O olhar do psicólogo*, uma outra leitura da história, na qual são destacados alguns elementos que permitam ao leitor uma reflexão e compreensão das personagens, seus motivos, as facetas desses relacionamentos tão intensos, carregados de emoção e, por vezes, contraditórios.

Há várias possibilidades de contar uma história, como também há muitas maneiras de entendê-la. As histórias deste livro são ricas e possuem diversas nuances. Porém, todas elas convergem para um mesmo ponto: para a eterna busca de um amor, do relacionamento pleno, da realização ao lado de alguém, do companheirismo que aquece o coração, enfim, para aquilo que poderíamos chamar *felicidade*.

Nossos agradecimentos a Ana, Carla, Marilze, Nabiha, Sérgio, Sonia, Teca, Tereza, Zé Luiz, essenciais na vida e pessoas especiais para um dos autores deste livro, e também a todos aqueles cuja paciência e dedicação tornaram possível este trabalho. Somos gratos também a Maria Pia e Júlio, amigos e parceiros, que acreditaram e investiram neste trabalho, possibilitando sua concretização.

Boa leitura! Temos certeza de que você vai gostar!

Sílvia e Antonio Carlos

Adriana

Parabéns a você,
Nesta data querida,
Muitas felicidades
Muitos anos de vida!
Adriana! Adriana! Adriana!

Adriana apagou as 18 velas do bolo de chocolate *chiffon,* o seu preferido. Virou-se para Márcio, que estava ao seu lado, e deu-lhe um beijo. Em seguida, foi abraçada por sua mãe, irmão e avó. Sentia-se feliz. Sempre gostou de aniversários, da comemoração, dos abraços, da festa. Completava a maioridade tão sonhada, a liberdade, tiraria a carta de motorista, iria ao cinema sem usar a carteirinha falsificada, entraria no motel apresentando a verdadeira identidade.

Não comemorou o aniversário com os amigos. Preferiu um jantar em casa, só a família e, claro, Márcio, seu namorado há mais de três anos. Márcio fez uma grande surpresa e lhe deu um anel lindo de ouro e brilhantes. Sentia-se radiante. Depois do jantar, ela e Márcio saíram para dançar, para encerrar em grande estilo a comemoração de sua maioridade.

No dia seguinte, fez questão de mostrar o anel para as amigas mais chegadas da escola. Sentiu uma ponta de inveja no olhar de algumas delas. Nenhuma jamais ganhou um presente como aquele. Sentia-se orgulhosa. Sueli olhou com certo desdém o presente e disse num tom ferino:

— Também, para quem já está empregado numa "multi", com um ótimo salário, no último ano de administração, poderia até ter dado os brincos.

Adriana ficou enfurecida. Sueli não perdia a oportunidade de fazer um comentário azedo, desagradável. A inveja dela superava a amizade em inúmeras situações. As outras amigas apressaram-se em defender Adriana, dizendo que o anel era maravilhoso, e o quanto Márcio era apaixonado por ela para lhe dar uma jóia tão cara e de tão bom gosto.

— Meninas, tenho uma coisa para contar ... – disse ela, assumindo um ar misterioso.

— Preparem-se, pois quando a Adriana faz essa cara, a bomba é de arrasar! Vamos lá, qual é a do momento?

Adriana fazia suspense.

— Anda, conta logo! Não me diga que vai se casar!

A feição de Adriana soltou-se, levantou-se e, num tom de cumplicidade, anunciou:

— Acho que vou me casar no início do ano que vem.

— O quê????? – Perguntaram em coro, incrédulas. — Casar?

— É, casar, na igreja, no civil, mas, por enquanto, ninguém sabe. Acho que vou morar na Suécia, por dois anos.

— Adriana, que conversa doida é essa? E a faculdade?

— Calma, calma, por enquanto ainda é uma hipótese. Só em outubro o Márcio vai ter a resposta. O chefe dele indicou-o para um programa de treinamento na Suécia, na matriz; é uma chance única, pois de todas as unidades e divisões da empresa, apenas doze candidatos são selecionados e seis são aceitos. Essa oportunidade é essencial para o Márcio; se ele for chamado, não há como recusar, e ele tem de estar lá em fevereiro/março do ano que vem.

— E você vai com ele? – perguntou Yara.

— Temos conversado muito sobre isso. Eu ainda me acho muito garota para me casar, mas nós namoramos há bastante tempo, nos conhecemos bem, não sei se agüentaríamos ficar longe um do outro, não só não agüentaríamos, como também não queremos.

As meninas se entreolharam, surpresas. Em suas conversas rotineiras, a possibilidade de se casarem logo jamais havia sido aventada. Todas elas se preocupavam primeiro em cursar uma faculdade, em se estabelecer na vida profissional, para depois pensar em casamento. Aliás, elas já tinham discutido várias vezes o assunto; havia um consenso entre elas de que não queriam repetir a geração de suas mães: muitas liberadas sexualmente, graças à pílula anticoncepcional, mas que mantinham uma relação de dependência econômica e emocional dos maridos e ex-maridos. A liberação sexual não foi acompanhada pela capacidade de se manter (bem) sozinha, dona de seu próprio nariz.

Adriana sentiu a pressão do grupo e continuou:

— Não estava nos nossos planos, o Márcio tem horror a dondocas. Ele acha importante eu ter a minha independência, a minha profissão. Quer que eu estude, faça minhas coisas; mas, por outro lado, sabe que dois anos longe em um relacionamento é muito tempo. Não queremos perder um ao outro.

Uma revelação mais do que surpreendente. De repente, Sueli gritou:

— Meninas, nossa amiga vai nos deixar, mas exigimos uma festança, daquelas que contaremos para os nossos netinhos! Com café da manhã e tudo! Uau! Tenho de começar uma dieta imediatamente, para estar linda e maravilhosa até fevereiro. Sueli fez as contas nos dedos. Jesus! Tenho de perder 12 quilos em seis meses! Vou conseguir! Me aguardem! Estarei mais deslumbrante do que a noiva!!! E soltou uma gargalhada. Todas riram, inclusive Adriana.

— Sueli, você não tem jeito... – disse Adriana.

— Amiga, quem sabe na festa do seu casamento descolo o meu noivo? Magra, linda e cheirosa! Homens, prepararem-se: Sueli está chegando. Não vai sobrar para ninguém!!!

— Sua maluca, ainda nem sei se vai haver casamento!

— Mas é melhor eu pensar seriamente em emagrecer! E se a resposta para o Márcio for positiva em outubro? Fofa, eu terei apenas quatro meses para me tornar o tesão da festa do seu casamento!

Tocou o sinal. A conversa diluiu-se e todas voltaram para a classe.

II

— Oi Elaine, meu pai está aí? Não está ocupado?

— Adriana, tudo bem? Ele está terminando uma reunião com um pessoal de fora. É urgente?

— Não; eu estou em casa, mas preciso falar com ele. Me faz um favor, peça a ele para me ligar assim que der. Por favor, não passe quinhentas ligações antes de ele falar comigo.

— Espere um minutinho, Adriana, parece que a reunião terminou. Terminou sim. Só um tempinho e eu já passo a ligação.

— Obrigada, beijos.

Adriana ficou dependurada alguns instantes, ouvindo aquela musiquinha irritante. Quem teria sido o infeliz que criou essa porcaria? Lembrou-se do que ia conversar com o pai. Preciso ir maneiro. Aliás, tenho de usar toda a psicologia que conheço. Ai Freud, me dá uma mãozinha!

— Adriana?

— Oi pai. Tudo bem?

— Tudo.

Fez-se um silêncio, Adriana sentiu um frio na barriga.

— O que foi, filha? Você está esquisita. Aconteceu alguma coisa?

— Não aconteceu nada demais. Eu preciso falar com você, mas quero que seja pessoalmente.

— Minha filha, que mistério é esse? Não estou gostando nada disso.

— Relaxa pai. Eu e o Márcio queremos falar com você.

— O Márcio também? Não me diga que você está grávida! – disse ele num tom apreensivo.

— Claro que não, seu bobo – disse ela rindo.

— Bom, meu coração está desassossegado; por que vocês não vão jantar em casa hoje? Devo colocar terno e gravata? Pedir para a Soraya usar um longo?

— Falando nisso, eu gostaria que a conversa fosse entre nós três, sem a Soraya. Eu sei que você é casado com ela, mas é um assunto de família.

Renato ficou quieto, assustado. Resolveu concordar sem discutir. Parecia séria demais a tal conversa. O que será que essa menina aprontou?

Adriana e Márcio foram extremamente pontuais. Soraya recebeu-os e foi simpática como sempre. Adriana olhou para a figura do pai que estava sentado no sofá, vendo televisão. Como ele reagiria? Melhor não pensar. Segurou a mão de Márcio e sentiu-a fria, muito fria mesmo. Aproximou-se do pai e lhe deu um beijo. Soraya logo ofereceu uma bebida e pediu licença para ir tratar do jantar. Legal, a Soraya, pensou ela, deve estar louca para saber do que se trata, mas não se intromete. Ninguém estava à vontade. Renato quebrou o silêncio, dirigindo-se ao futuro genro.

— E aí Márcio, como andam as coisas na fábrica?

— Pai, vamos deixar as sociais para depois. Nós estamos aqui porque queremos nos casar no início do ano.

Renato olhou para a filha e para Márcio, que estava vermelho como um pimentão. Será que ele ouviu direito? Casar? Numa fração de segundo fez as contas para se certificar de que Adriana tinha apenas 18 anos. Isso mesmo, 18 completados há pouco tempo.

— Acho que eu não entendi – disse ele alto. — Você disse *casar*?

— Sim. Casar.

Num sobressalto, ele perguntou:

— Já sei, você está grávida. Oh, Jesus, eu não me conformo que nos dias de hoje ainda se engravide sem querer. No meu tempo já se usava pílula, vocês sabem o que é isso? – disse ele muito irritado.

Adriana olhava para ele achando graça da sua fala.

— Pai, pára! Pára! Me ouve! Eu não estou grávida, NÃO ESTOU GRÁVIDA! Márcio, diz para ele que ele não vai ser avô.

Márcio acenou afirmativamente com a cabeça.

— Então, que conversa doida é essa de casamento? Márcio, Márcio, o que você anda colocando na cabeça desta menina?

Márcio empertigou-se no sofá, arfou o peito e respondeu:

— Tio Renato, é sério, eu me formo agora e fui escolhido para um treinamento na matriz, na Suécia. Vou trabalhar e estudar lá de dois a três anos. Quando eu voltar, terei uma boa posição e um excelente *curriculum*. Eu não posso recusar. É uma oportunidade única, mas não quero ir sem a Adriana. Por isso, vamos nos casar.

Renato sentia-se confuso ouvindo aquele garoto, que conhecera moleque de tudo, falar como homem e, o pior, falando em casamento com a sua filha. Foi até o bar e serviu-se de mais uísque. Precisava pensar. Sua menina querendo casar... Também não queria parecer um machão do começo do século. Sentiu-se meio ridículo. Sentou-se novamente e retomou a conversa.

— Casamento não é assim... é sério. Vocês são crianças demais para pensar em se casar. Minha filha – disse ele carinhosamente –, você já pensou que deixará para trás seus planos de universidade, de uma carreira?

— Pai, eu só vou atrasar por uns tempos a minha entrada na faculdade. Quem sabe não aprendo bem o sueco e me inscrevo lá mesmo? Pai, não é tanto tempo assim. Eu vou melhorar muito meu inglês, vou voltar uma poliglota! Com certeza isso vai me ajudar muito na minha vida profissional. À medida que ela ia enumerando as vantagens do casamento imediato, Renato se sentia mais derrotado. Percebeu que era uma batalha inglória. Passando por cima de alguns de seus mais arraigados valores, propôs que eles não se casassem, que fossem morar juntos. Mesmo assim, não conseguia deixar de demonstrar o quanto estava contrariado.

— Tio, não dá. A Adriana precisa de visto de residência, e só o terá se for casada comigo.

A última munição se esgotou. Renato tinha vontade de gritar que não ia haver casamento nenhum e ponto final. Ela era uma menina que não sabia nada da vida. Como queria se casar? Dezoito anos? Que loucura!

Soraya entrou na sala e percebeu o clima e a cara de Renato. Ficou espantada e perguntou o que estava acontecendo. Adriana antecipou-se:

— Soraya, nós estamos querendo nos casar porque o Márcio vai para a Suécia por dois ou três anos. Esse senhor que me gerou está nesse estado. Veja só: o pai moderninho perguntou na boa se eu estava grávida, encarando legal. Como eu não estou e disse que quero me casar, ele ficou nesse estado. Acho que ele preferiria que eu estivesse esperando um bebê.

Durante o jantar, a conversa girou sobre o casamento. Adriana e Márcio já tinham pensado até na data, 2 de fevereiro. Os dois estavam excitadíssimos com a idéia, cheios de planos, decididos e felizes. Renato permaneceu calado a maior parte do tempo. Sabia-se vencido; por mais que argumentasse. Propôs que eles esperassem até ela entrar na faculdade. Enquanto isso, Márcio se instalaria e ela iria visitá-lo nas férias.

No final da noite, Adriana abraçou o pai, com todo o carinho. Ficaram assim por alguns minutos, quietos, próximos. Ela sentia que ele já cedera. Disse baixinho:

— Pai, eu cresci, sou uma mulher apaixonada, o Márcio é o homem da minha vida, eu sei disso. Entendo que você queira me proteger, mas você sempre disse que eu era mais madura que a maioria das meninas da minha idade. Paizinho, confie em mim e no Márcio. Nós vamos ser muito felizes.

Os olhos de Renato encheram-se de lágrimas. Apertou a filha contra ele. Tomara! pensou ele.

— Tomara, minha filhinha, que você nunca se arrependa e nem me acuse de não ter impedido você de fazer essa loucura.

Adriana percebeu como o pai estava comovido e deu-lhe um beijo. Márcio aproximou-se do sogro e também lhe deu um forte abraço.

Adriana estava eufórica. Chegou em casa e subiu direto para o quarto da mãe. Contou tudo como tinha acontecido: as reações diversas de Renato, a força de Soraya, como o Márcio tinha sido forte... os seus receios. Marisa olhava para a filha, o que fazer? Sabia que se eles se opusessem, ela iria de qualquer jeito, conhecia-a bem. Já tinha conversado tanto com ela, mas nada a demovia da idéia. O Márcio queria ir casado, não queria enfrentar a barra sozinho, em um país desconhecido, embora falasse inglês fluentemente e entendesse bem o sueco. Mas ele já tinha 23 anos, estava se formando, já era um homem e podia assumir um casamento. Adriana estava encantada com a idéia de morar fora, ter sua casa, seu marido. Tinha medo que ela quisesse brincar de casinha e se cansasse. Adriana já estava planejando marcar a data, comprar enxoval. Estava fora de si, de tanta alegria. Marisa disse para a filha ir dormir, ou pelo menos, para tentar dormir. Prometeu falar com Renato no dia seguinte. Deu um beijo na testa da filha. Depois que ela saiu, ajoelhou-se ao pé da cama e rezou com toda fé. Pediu a Deus que iluminasse a todos, e que eles tomassem a melhor decisão.

O casamento foi no dia 22 de fevereiro do ano seguinte. Um calor insuportável e nesse dia registrou-se uma nevasca histórica na Suécia, com temperaturas beirando os –30°C.

III

Adriana olhava para fora do seu micro apartamento. A cidadezinha onde eles estavam morando era um presépio, com os telhados das casas cobertos de neve, os pinheiros verdes destacando-se no branco da paisagem. Tudo na mais perfeita ordem, parecia um outro mundo. Não havia sujeira nas ruas, não havia pobres, todos eram altos, fortes e saudáveis, loirinhos, como nas histórias de Natal recontadas nos livros de quando era pequena. Só o frio era demais. Haviam chegado há mais de dois meses, a primavera estava atrasada naquele ano; é o que ela entendia quando falavam do frio que se recusava a dar uma trégua. Márcio trabalhava das oito horas às dezesseis horas. Ela estranhava (e não gostava) de ter de fazer todas as tarefas da casa: cozinhar, lavar, passar, limpar o pequeno apartamento e fazer faxina pesada, uma vez por semana. Esmerava-se na comida, fazendo os pratos preferidos de Márcio. Fazia um curso intensivo de sueco que a ocupava das treze às quinze horas. Voltava correndo para casa, para adiantar o jantar e esperar pelo marido. Como era bom estar casada, ter sua casa, cuidar de seu marido. Como ela era feliz. Nos fins de semana, viajavam sempre que possível. Eram apenas os dois: conversavam muito, trocavam impressões, ela falava da saudade de casa, de sua mãe, de seu irmão.

O desespero de não entender a língua, a vontade de ter uma amiga para compartilhar o dia-a-dia. Ele a entendia perfeitamente. No fundo isso não importava, pois Márcio estava ali, ao seu lado, feliz como ela.

O verão passou rápido. Aliás, Adriana não se conformava que as pessoas chamassem uns poucos dias com sol e temperatura acima dos vinte graus de verão. Passou o verão todo de casaco e muitas vezes ligou o aquecedor. Em outubro veio a primeira nevada; em dezembro a neve tinha mais de meio metro na rua. Os dias eram muito curtos. Três e pouco da tarde já estava noite. O frio impedia que as pessoas saíssem; todos ficavam encorujados em seus cantos. Ninguém se visitava; não tinha feito amigas como as que tinha no Brasil. A mais próxima era uma iraniana, Ashraf, cujo marido também trabalhava na fábrica com Márcio. Mas ela falava muito menos sueco do que Adriana. Ainda bem que quase todos falavam inglês.

A vida social deles estava confinada ao clube que a fábrica mantinha para os funcionários. Lá havia uma série de modalidades esportivas, um bar, um restaurante, programação cultural, grupo de teatro. Na verdade, a maioria dos funcionários depois do expediente ficava no bar, bebendo (e muito). Era impressionante o consumo de bebidas, principalmente as destiladas. A tal Aquavite, fortíssima – a cachaça deles – era tomada em grandes quantidades. Ninguém voltava para casa antes das sete ou oito horas da noite, e bem "chutados". No início, Márcio bebia de vez em quando, mas com a chegada do frio, foi se tornando um hábito de final de tarde ficar tomando umas e outras com o pessoal no bar do clube. Às sextas e sábados, Adriana ia encontrar o marido no clube. Não demorou para começar a se irritar com as brincadeiras dos "colegas" de serviço de Márcio, que só falavam de trabalho, ou com as mesmas besteiras de bêbados. Queria ir a Gottemburgo, que ficava a mais ou menos uma hora de carro, para ver gente diferente, ir a um shopping, ao teatro etc. Com a chegada do inverno, as nevascas freqüentes, saíram cada vez menos da cidade. E, cada vez mais, ficavam no clube.

Por mais que se esforçasse, sentia-se triste e deprimida. Chorava com facilidade. Márcio era muito compreensivo, mas não podia lhe fazer companhia da maneira que ela necessitava. Sentia-se fragilizada, irritada, muitas vezes não queria se levantar da cama, muito menos arrumar a casa, cozinhar. Nevava seguidamente. Janeiro parecia não ter fim. Márcio via (e entendia) a depressão da mulher. Decidiram que iriam ao Brasil na Páscoa. Ao menos por quinze dias, ele não poderia se ausentar por mais tempo. Essa perspectiva animou-a.

Mas, no final de fevereiro Márcio avisou-a de que ele não poderia sair, conforme o planejado. Ele teria de ir à Alemanha. Ela se desesperou. Num desabafo, disse que queria voltar definitivamente para o Brasil; a vida estava insuportável para ela. Chorava e andava de um lado para outro, descontrolada. Sentia ódio de Márcio, da neve, do frio, do apartamento com 35 metros quadrados. Da vida sem nenhum sobressalto, monótona, sem emoção. Não, não queria estudar naquele lugar infeliz. Fazer o quê? Ir para uma faculdade e ter de ler tudo em sueco? Fazer prova nessa língua maldita? Ela não tinha condições. Dizia isso soluçando. Márcio tentava acalmá-la. Sabia o quanto aquela vida era estressante. Sofria junto com ela.

— Miau (era assim como eles se tratavam carinhosamente), calma Miau!

— Calma, calma! E pensar que ainda teremos de ficar aqui por um bom tempo.

— Miau... não fique assim, você tem de reagir. Precisa se ocupar. Eu sei que você quer ir ao Brasil, mas isso só vai acalmá-la por um tempo. Eu também tenho muita dificuldade para me adaptar. De repente, ele mudou o tom de voz, ficando mais sério, colocando as palavras mais pausadamente.

— Miau, você não quer ter um filho?

Ela arregalou os olhos.

— Um filho?

— Ué, você não queria ter filhos aqui?

— Miau, você está brincando, não é?

Porém, Adriana sentiu que a idéia lhe agradou profundamente... Um filho, repetia ela, um nenezinho... um filho nosso. Seu rosto iluminou-se.

— Adriana, nós só vamos estar adiantando um pouquinho a chegada dele. Abraçaram-se.

— Podemos começar a tentar agora. O que você acha? – disse ele maliciosamente.

— Com todo o prazer! É para já Miau! Não temos o que esperar – falou, arrastando-o para a cama.

IV

Frederico nasceu em janeiro, no auge do inverno. Marisa tinha vindo do Brasil para ajudá-la assim que o bebê nascesse. Adriana engordou uma barbaridade, 24 quilos. Sentia uma fome atroz, e não enjoou nenhuma vez. A médica dava-lhe broncas seguidas, mas de nada adiantou. Mudaram-se para um apartamento um pouco maior. Ela estava feliz, mas sabia que mais área útil significava mais pisos, paredes e janelas para limpar.

Quando Frederico completou um mês, Marisa voltou para o Brasil. Adriana sentiu-se órfã. Frederico chorava muito, tinha muitas cólicas. Márcio ajudava-a, à maneira dele; dizia que precisava dormir, pois no dia seguinte tinha de estar inteiro para agüentar o batente. Ela percebia que o marido ficava impaciente com o choro do filho. Ashraf a visitava com freqüência, ajudava-a a trocar o bebê, fazia-lhe companhia. Muitas vezes Márcio chegava e a casa estava de pernas para o ar, ou Adriana não havia adiantado nada para o jantar. Márcio não dizia nada, mas ela se sentia cobrada. Tentava se desculpar. Muitas vezes discutiam. Ela andava verdadeiramente cansada, irritada, mal se olhava no espelho, pois sabia que estava muito gorda. Jurava que ia emagrecer. Todas as segundas-feiras iniciava a dieta, que invariavelmente na terça-feira já tinha sido quebrada.

No início da primavera, em abril, as cólicas de Frederico tinham diminuído, ele entrara no ritmo. Agora está na hora de pensar em mim, de me cuidar, pensava ela. Preciso tomar vergonha e emagrecer. Mas algo fisicamente não estava bem. Sentia cólicas e estava mais inchada do que o normal. A menstruação deveria descer logo, e esse mal-estar desapareceria. Mesmo assim, resolveu fazer um regime radical, o *regime da lua*. Algumas amigas brasileiras tinham escrito, contando o quanto emagreceram tomando apenas líquidos em um determinado dia da semana. Por conta própria, resolveu aumentar para dois dias por semana a dieta líquida. Sentiu-se fraca, mas ela ia agüentar, tinha de agüentar. Conversava em casa com Ashraf. Ouviu o choro de Frederico, levantou-se rapidamente. Sentiu uma grande tontura, viu tudo escuro, o choro cada vez mais longe, as pernas bambearam. Desmaiou.

Lentamente foi voltando a si, via a feição aflita da amiga. Tentou levantar-se, mas a tontura voltou forte. Com a ajuda dela, deitou-se na cama. Frederico berrava. Um pandemônio absoluto. Ashraf levou o menino até ela, que se agarrou ao bico de seu seio com sofreguidão. Tinha a sensação de irrealidade. Não demorou muito, Márcio chegou, aflito, querendo ver Adriana. Ficou muito assustado com o telefonema de Ashraf. Ficou chocado com o estado dela, sem cor, absolutamente pálida, com fortes olheiras. Ela sorriu para ele, via-o longe, como se estivessem num filme. Aquilo não era real. Sentia-se cada vez mais fraca. Desmaiou de novo. Márcio desesperou-se. Pediu que Ashraf ficasse com Frederico e levou-a para o hospital. Ela estava mais branca do que antes. Teve medo que ela estivesse morrendo. Entrou pela emergência. Ela foi atendida imediatamente e levada para dentro de uma porta que se fechava automaticamente. Márcio sentia-se só, com muito medo. Meu Deus, faça com que não seja nada, pedia ele. Foi até uma máquina de café, tomou dois seguidos. Ninguém vinha dizer nada, que espera horrorosa. Tentou ter informações, a enfermeira disse que os médicos a estavam examinando. Pediu para entrar, para ficar ao seu lado. Disseram que era impossível. Implorou. A resposta foi a mesma: é proibido. O senhor tem de esperar. Sentia-se culpado, Adriana tinha trocado o dia pela noite nos últimos três meses. Foi ao telefone público e ligou para casa. Ashraf tranqüilizou-o, Frederico tinha mamado e agora dormia tranqüilamente. Percebeu o desespero na voz dele, perguntou se ele tinha alguma notícia. Nada. Ele prometeu ligar assim que soubesse de alguma coisa.

Depois de mais de uma hora nessa agonia, finalmente a médica chamou-o. Pela sua postura, percebeu que não devia ser nada muito grave. Ela sorria. Ao ver Adriana, deitada numa cama, não conseguiu segurar as lágrimas.

— Meu amor, você está bem? – perguntava ele seguidamente, segurando com força sua mão.

— Doutora, ela parece bem. Está bem mesmo?

— Está muito bem, foi um susto. Ela abusou, ficou sem comer, e teve uma forte hipoglicemia, uma queda acentuada nas taxas de açúcar no sangue. Não sei onde ela descobriu esse regime que ela disse estar fazendo, completamente inadequado, uma estupidez.

Adriana sentiu-se envergonhada. No estado dela, poderia ter sido mais grave. Ela poderia ter tido complicações. Ele olhou intrigado para a médica e para Adriana. Adriana apertou a mão do marido. Olhou firmemente para ele e deu um longo suspiro. Falou em português.

— Miau, o Frederico vai ter um irmãozinho, ou irmãzinha. Eu estou grávida de um mês.

Ele olhava para ela sem acreditar no que ouvia.

— Como grávida? – Percebendo a presença da médica, repetiu em sueco. — Como grávida?

A médica interveio, e disse que tinha sido feito um ultra-som, e no exame constatou-se a gravidez.

— Parabéns, o senhor vai ser papai. Ela deve ficar no hospital por essa noite, mais por medida de precaução. Se precisarem de qualquer coisa, chamem a enfermagem. Boa noite.

Márcio sentou-se na cama. Olhava para a mulher sem conseguir definir exatamente as emoções que afloravam. Ela estava tranqüila.

— Miau, viu só, mais gente na nossa família... tomara que seja uma menina. Queria que ela nascesse no Brasil...

Ele consentiu, sem ter certeza do que ela estava falando:

— Claro, Miau, claro.

— Você não está feliz?

— Não é isso – respondeu ele secamente. — Fui pego de surpresa... o Frederico ainda é tão pequeno... para quando é o bebê?

— Fevereiro, época que estaríamos voltando para o Brasil. Assim será melhor, um fará companhia para o outro.

— Que história é essa de regime? – perguntou ele de supetão.

Ela contou-lhe qual era a dieta. Ele ficou realmente bravo.

Conversaram mais um tempo, a idéia ia se sedimentando em cada um. Adriana aceitava mais facilmente. De repente, lembrou-se de Frederico. Ashraf estava com ele havia horas. Márcio ficou nervoso, não sabia se ficava com a mulher ou se corria para ficar com o filho. Sentia-se dividido. Perguntou se ela ficaria bem, ela disse que sim. Pediria para Ashraf ficar com o Frederico pela manhã e viria buscá-la cedo.

— Eu amo você, meu amor. Tive medo hoje – confessou ele.

Ela abraçou-o e sentiu-se reconfortada. Lembrou-se de que estava grávida, irrompeu num choro. Ele olhou-a assustado, ela chorava abraçada a ele.

— O que foi, amor? O que foi? – e segurou-a carinhosamente.

— Márcio, eu vou ficar mais gorda ainda... – e soluçava sem parar.

Ele olhou-a com benevolência, como quem cuida de uma criança assustada. Deu uma risada, o que a deixou mais inconsolada ainda.

— Sua boba... você é linda, Miau. Linda! E você é meu amor, gordinha ou não. Depois que ele chegar, você pensa nisso. Isso é uma bobagem sem tamanho!

— Jura? – perguntou ela timidamente.

— Miau linda... linda! Não pense mais nisso! Preciso ir ver o nenê número 1, o número 2 fica aqui com você.

— Márcio... você promete que não vai tomar nem um traguinho lá em casa? Quando você toma umas e outras, seu sono fica muito pesado. O Frederico não vai ter meu peito hoje. Vai estranhar.

Ele ficou incomodado com a observação dela, mas resolveu não revidar. No caminho para casa, ficou pensando no que significava mais um filho. Claro que estava contente, pensava ele, mas não do jeito que ficou quando soube da gravidez do Frederico. Esse moleque podia ter esperado mais um tempinho para aparecer! Vai complicar a nossa vida.

V

Marina nasceu no Brasil. Adriana voltou no início de novembro com Frederico, definitivamente. Ficaram na casa de Marisa, que enlouquecia com o neto. Embora tivesse engordado da mesma maneira, sentia-se super disposta. Ela e a mãe saíam para procurar apartamento, tinham de alugar rápido, antes de Marina nascer. Encontrou um apartamento bastante razoável, com mais de 100 metros quadrados, um palácio, considerando-se onde ela morava na Suécia. Márcio chegou nas vésperas do Natal. Em janeiro eles se mudaram, meio acampados, mas no espaço deles. Finalmente ela voltava para casa.

Nesse tempo, Adriana voltou a procurar suas amigas de colégio. Estava morta de saudades. Não as via desde o casamento. Resolveu promover um encontro na casa de Marisa. Chamou as mais chegadas. Foi ótimo revê-las. Ela foi contando a vida na Suécia, como foi difícil a adaptação, o quanto tudo era diferente do Brasil, como as pessoas bebiam, o frio, a vida social restrita ao maldito clube. As amigas contavam o que estavam fazendo, seus cursos, estágios, namorados, encontros e desencontros amorosos. Nenhuma delas havia se casado. Somente Luciana já morava com o namorado há mais de um ano. Perguntavam como ela se sentia já sendo mãe e prestes a ter mais um filho. Era uma realidade muito diferente daquelas amigas que tinham tido as mesmas vivências até pouco tempo atrás. Adriana estranhou que elas não demonstraram interesse em saber que o governo sueco dá todo o apoio na gravidez, providenciando desde fraldas à mais completa assistência física e psíquica durante a gestação e nos primeiros meses de vida do bebê. Elas falavam de viagens, de festas, de um cotidiano longínquo para Adriana. Esse tempo longe enveredara sua vida para outros caminhos, ela tinha responsabilidades com o Márcio, Frederico e a Marina, que estava chegando. Não sentiu inveja da vida mais livre das amigas; estava feliz assim. Alguém perguntou se ela ia voltar a estudar. Adriana sentiu-se constrangida, não conseguiu dizer que nesse momento estava se dedicando totalmente aos filhos. Queria ser uma mãe presente. Na Suécia tivera uma experiência muito rica com o Frederico. Queria vê-los crescer, não se sentiria segura em deixá-los nas mãos de uma empregada. E aqui, no Brasil, as escolinhas são absurdamente caras. Elas não tinham idéia de como os filhos absorvem os pais. Parece fácil entregar os filhos a alguém desconhecido e sair para trabalhar.

— Claro... assim que a Marina estiver maiorzinha, presto vestibular.

Sentiu a aprovação das colegas. Mudou de assunto para evitar ter de se aprofundar nessa conversa. Elas não iam entender a cabeça dela. Melhor nem tentar explicar. O dia em que elas fossem mães...

À noite, contou para o marido como fora o encontro, como cada uma estava, o que faziam. Sentado na poltrona, tomando seu uísque, Márcio divertia-se com algumas passagens. Depois da terceira dose, disse estar com sono. Enquanto colocava o pijama, perguntou de supetão:

— Elas estão iguais?

— Como "iguais" – retrucou intrigada.

— Quer dizer, estão do mesmo jeito fisicamente, ou alguém já desembestou a engordar?

Adriana sentiu o sangue subir em suas faces. Respondeu indignada:

— Isso é comentário, Márcio? Você quer dizer se só eu estou gorda?

Percebendo a besteira que acabara de dizer, resolveu consertar. E piorou a situação.

— Não, Miau, quero saber como elas estão, se estão bem... a Luciana era muito bonita e gos...

— Pára Márcio, pára! Você não pode beber que abre essa boca para falar merda!

— Eu não quis ofender! Calma, não me referia a você. Você está grávida, logo voltará ao normal...

— Vai dormir, não abre mais a boca, não quero ouvir sua voz! Vá ver se o Frederico está dormindo. Vai!

Adriana olhava para a barriga enorme, pesada. Pensou na filha que estava para nascer. Olhou-se no espelho, estava disforme. Sentiu-se deprimida, lembrou-se das colegas, todas com "tudo em cima". Mas elas não tinham filhos e nem um marido que bebia freqüentemente. Sentiu-se infeliz e teve pena de si mesma. Chorou. Felizes eram as amigas, sonhavam com o casamento, com um príncipe encantado. Mal sabiam o quanto de sapo cada príncipe tem e, pior, não precisam nem ser beijados.para se transformarem em batráquios.

A mudança, a casa nova, o nascimento de Marina logo trouxeram Adriana para sua rotina: fraldas, mamadeiras, papinhas, resfriados, vacinas, pediatra, noites sem dormir, alguma vida social, cansaço, desgaste, pouco tempo para reparar em si mesma e no marido. A vida continuava, Márcio e Adriana iam levando, o dia-a-dia os consumia e eles nem se davam conta.

Márcio, sempre tomando seus drinques, encontrou parceiros mais sociáveis do que os suecos. Décio, seu chefe, adorava uma cerveja, um uísque, uma sauna, um jogo de futebol com outros barrigudos e pernas-de-pau, como ele mesmo se definia. Era a companhia ideal para Márcio. Tornaram-se inseparáveis. A empresa no Brasil também mantinha o mesmo tipo de clube para os funcionários, como o que existia na Suécia. Era sagrado: acabava o expediente, um grupo ia tomar "uma" para refrescar o gogó e relaxar, antes de ir para casa. Nos fins-de-semana, Márcio sempre trazia alguém para tomar um aperitivo e acabavam almoçando na casa de Adriana. Ela desdobrava-se para atender aos amigos do marido e cuidar das crianças. Algumas vezes reclamava com a invasão que ocorria na sua casa. Márcio invariavelmente vinha com o mesmo argumento: você é gozada, se eu fico no clube tomando cerveja e chego mais tarde você reclama; se trago meus amigos para cá, para ficar com você e as crianças, você também reclama. Porra! Eu não sei como agradar você.

Por mais que ela tentasse fazê-lo entender, ele não se achava ausente. Ao contrário: trabalhava como um mouro para poder dar o padrão de vida que eles tinham, que não era fácil manter uma casa, empregada, carro relativamente novo, com o seu salário. Que era natural ele sair com o Décio para a sauna, o futebol... Ela ficava em casa, cuidando das crianças, o que era muito legal, mas a carga dela era muito menor do que a dele, ele precisava relaxar.

Adriana, por menos que aceitasse, sentia-se diminuída perante as suas amigas de colégio. Havia uma cobrança velada por ela ser "apenas" dona-de-casa. Isso a incomodava muito. Para não se sentir cobrada, foi se aproximando das namoradas e das mulheres dos colegas de Márcio que, por sinal, estavam constantemente na casa dela. Além disso, o fato de estar gorda, também era um fardo para ela diante das colegas. Toda a vez que as via, lembrava-se de como era e como estava. Sentia um desânimo enorme, jurava que iria emagrecer, tentava por uns dois ou três dias, ou até ficar brava ou triste com alguma coisa. Aí, dá-lhe chocolate para adoçar as horas mais difíceis e, também, as não tão difíceis assim!

VI

Márcio estava eufórico. Pegou Adriana pela cintura e começou a dançar com ela no meio da sala, cantarolando o Danúbio Azul. Ela olhava para ele orgulhosa. Frederico entrou na sala e olhou surpreso para os pais. Com a lógica dos seus quatro anos não resistiu:

— Pai, você está dançando por que está alegre ou triste?

Os dois pararam e olharam para o filho.

— Papai está feliz, Fred, muito feliz.

— Você foi ao jogo do Palmeiras hoje e não me levou? – disse ele, fechando a cara.

Márcio e Adriana riram. Foi ela quem explicou ao filho que o pai não ficava contente e pulando apenas nas ocasiões em que o Palmeiras ganhava. Hoje era um dia que ele estava feliz porque uma coisa legal tinha acontecido: seu pai foi promovido, ou seja, tinha ficado mais importante na fábrica, era gerente de uma divisão, e o tio Décio também tinha ficado mais importante. Márcio pegou o filho no colo e o beijou.

Marina tinha acabado de jantar e entrou na sala. Márcio se derreteu todo quando viu a filha. Oi lindinha... amor do pai! Ele se abaixou, mas não tirou Frederico do colo. Vem aqui, vem dar um beijão porque o papai está contente! A menina correu e dependurou-se no seu pescoço. Ele olhava para os filhos orgulhoso. Cada um num braço. Adriana aproximou-se e abraçou todos juntos, não percebeu que não havia um braço para ela.

VII

A promoção de Márcio tinha tido um aspecto muito bom: ele agora tinha carro da empresa e uma série de outros benefícios oferecidos por uma multinacional daquele porte. Em um ano, mudaram-se de casa, para um condomínio de luxo, mais afastado do centro da cidade. Para as crianças era uma maravilha, pois podiam brincar na rua, ir à casa dos amigos. Nem parecia que estavam tão perto da cidade grande. Adriana estranhou muito no começo, pois se afastou ainda mais das amigas e da própria família. Mas, no condomínio todos se conheciam, freqüentavam os mesmos lugares, a mesma padaria, o mesmo supermercado, a mesma escolinha para os filhos pequenos. Logo, acabou fazendo amizade com duas vizinhas. Nos fins de semana ou estava com os colegas de trabalho do Márcio, ou em churrascos e feijoadas do pessoal do condomínio. Ela até gostava, pois não se sentia tão só, e quando a coisa apertava, se socorriam mutuamente.

A empresa obrigava os gerentes a fazerem cursos de atualização e reciclagem. No nível do cargo de Márcio era exigida pós-graduação. Márcio e mais dois passaram no exame (concorridíssimo) da melhor escola de administração do país. O curso era de dois anos, com aulas noturnas, quatro vezes por semana. Tudo pago pela empresa. Foi um período difícil para Adriana. Se ela achava Márcio ausente, agora ele tinha justificativa para nunca estar em casa. O maldito curso, pensava ela. Nos fins de semana a casa ficava sempre cheia, com a turma do Márcio, que só crescia. Agora também vinham dois ou três amigos da pós. Ela se aborrecia de ter a casa sempre cheia, sem um pouco de intimidade com o marido. Reclamava que não tinha, como todo mundo, tempo de curtir o "lar, doce lar". Quando ele chegava tarde demais, ou alegre além da conta, e ela o estava esperando, as discussões eram pesadas. Ela gritava com ele.

—Você parece homem solteiro, bebe e nunca está em casa!

Muitas vezes ele retrucava:

— Você enche o saco! Amanhã, às sete horas já estou de pé! Você não se toca o quanto está ficando insuportável?

Conforme o estado em que ele chegava, ela sabia que ele mal iria se lembrar do sermão que ela fizera. Isso a deixava irritadíssima. Outras vezes, ela afirmava que ele estava gostando do tal do curso, era uma forma de não cuidar dos filhos. Nessas horas, ele virava bicho. Não admitia que ela colocasse as crianças no meio. Acusava-a de histérica, que ela precisava de ajuda. Por que você não ia fazer algo de útil, em vez de ficar enchendo o saco? Mas Márcio não sustentava esses ataques, no dia seguinte agia como se nada tivesse havido, e voltava tarde como sempre fazia.

Adriana comentava muito pouco a fase difícil que passava em seu casamento. Tinha uma certa vergonha de se expor, de confessar o quanto estava cansada daquilo. Algumas vezes ela reclamava, mas as pessoas, de certa forma, defendiam Márcio. O problema é que ela não tinha vida própria. Márcio estava fazendo a carreira dele. Ela não achava monótono ficar em casa, só tratando de cri-cri (crianças e criadas)? Por que ela não ia fazer faculdade? Afinal, as crianças já estavam grandinhas. Por que não ia para uma academia ou fazia um regime sério? Iria se sentir muito melhor. Esses comentários, sem dúvida sinceros, faziam com que se sentisse diminuída, inferior ao Márcio e às pessoas que freqüentavam sua casa.

Na sua angústia velada, aproximou-se de Marisa, que ouvia as lamúrias da filha e, de forma direta, dizia que Márcio estava no mundo, ela, num casulo. Dizia que ela tinha razão na maior parte de suas queixas, mas ela andava se esquecendo dela mesma. Ao lhe perguntar se ainda gostava dele, Adriana baixava o olhar e respondia timidamente que sim, mas estava cansada, desestimulada. Os mundos estavam se distanciando. A mãe advertia: "Cuidado minha filha, daqui a pouco vocês não se reconhecem mais. Vai restar muito pouco". Adriana não achava que fosse por aí. Acreditava realmente que era importante ficar com os filhos, vê-los crescer. Mas assim mesmo, resolveu fazer um curso de tradução de inglês, as aulas eram à tarde, na hora em que as crianças estavam na escola. Quando ela disse a Márcio que iria se matricular, ele olhou para ela e disse com sinceridade: "Que bom, Dri, que bom! Vai ser legal para você". Marisa apoiou a filha, deu-lhe força. "Você ainda é muito menina para deixar as coisas estragarem desse jeito. Abra os olhos, vá à luta. Às vezes eu acho que você tem mais idade do que eu! Olhe para você, está uma matrona que muito reclama e pouco age!"

Adriana ficou furiosa com Marisa, sentiu vontade de falar um monte para a mãe. Mas não conseguiu. Sentiu um vazio imenso, uma vontade de voltar no tempo, de retomar certos fatos, revivê-los de outra maneira para impedir que Márcio bebesse, torná-lo mais presente, menos "social", para que ela estudasse, e não tivesse engordado, não dependesse dele, não se sentisse sem perspectivas, como agora. Não agüentou, chorou muito e se agarrou à mãe.

VIII

O curso de tradutora e intérprete tinha a duração de dois anos. Um e meio já se passara. Ela gostava bastante, as colegas eram interessantes, exigia-se muito intelectualmente. O curso a obrigou a ler muito, a se atualizar. As leituras, no princípio obrigatórias, despertaram-na para o mundo da literatura. Apaixonou-se por Poe, Shakespeare, Scott. Passava horas lendo. Ela até estava dando aulas particulares para jovens do condomínio. Ganhava um dinheirinho, como dizia. Márcio nunca quis saber qual era essa quantia. Esse dinheiro é seu. Compre o que quiser. Ela sentia-se bem.

A pós-graduação acabara, porém, isso não significou a volta de Márcio para o lar, como ela desejava. Ele e Décio voltaram aos mesmos programas, *happy-hours*, ao mesmo futebol, à mesma sauna, aos mesmos pileques, aos mesmos churrascos. Cada vez que ele chegava de fogo, ou não avisava que ia chegar tarde, ele sabia que o barraco ia ser armado. Mas isso nunca foi motivo para deixar de viver a vida do jeito que achava bom...

IX

Era aniversário de Frederico e Adriana resolveu fazer a festa em casa – mais de 50 crianças. Marisa estava atordoada com tanto barulho. Eram quase 9 horas da noite e não tinham cantado o parabéns. Alguns pais já estavam chegando para pegar os filhos. Procurou por Adriana e a encontrou muito irritada.

— Algum problema, filha? – Viu que ela estava possessa.

— Você não vai cantar o parabéns?

— Eu estava esperando para ver se o Márcio chegava... – disse ela encolerizada. Mas, pelo visto, deve ter caído por aí, tomando umas pingas. Nem no dia da festa do filho esse merda muda!

Adriana chamou Marina e Frederico para o centro da mesa. Frederico reclamou: cadê o papai? Eu quero cantar com ele. Adriana se controlou e disse que o pai iria chegar mais tarde. Adriana cantava o parabéns, tentando disfarçar seu ódio. Cuspia fogo pelos olhos. Nesse momento viu Marisa aflita vindo em sua direção.

— Filha, o Décio acabou de ligar. Ele está com o Márcio. O Márcio está bem... eles estão na delegacia dando queixa. O Márcio foi assaltado, levaram o carro, graças a Deus não fizeram nada com ele.

— O quê???

— É filha, eu não sei direito.

— O Márcio está bem mesmo? – perguntou trêmula.

— Claro, filha... Fique calma. Não assuste as crianças. O Décio me ligou, o Márcio está muito nervoso. Ele não mentiria para mim.

Adriana concordou.

Márcio e Décio chegaram por volta de onze horas. Adriana olhou para o rosto de Márcio e condoeu-se – estava desfigurado, seu olho direito não abria, era um roxo só. Na hora em que viu Adriana, sua voz saiu num tom de súplica:

— Miau... Miau... veja o que eles fizeram comigo... Adriana olhou para ele e abraçou-o, protegendo-o.

— Miau... você está vivo, comigo... – disse ela chorando — Miau... eu estou aqui...

O ocorrido sensibilizou e aproximou Adriana do marido. Por alguns dias eles ficaram ótimos. Ela emprestou seu carro para ele e andou de táxi, por mais caro que fosse.

Na semana seguinte, ele chegou em casa com um carro relativamente novo. Antes que ela perguntasse, disse que a empresa lhe dera um carro até que ele comprasse outro, com o dinheiro do seguro.

— Achei ótimo – disse ele baixo — assim eu não te sacrifico...

X

Na mesma semana, Márcio comunicou-lhe que iria para a Suécia com Décio, por apenas doze dias. Adriana manifestou o desejo de ir junto, queria tanto voltar para o país que a acolheu quando ela era recém-casada.

— Não, Miau. Eu vou correndo. Eu juro que no ano que vem, nas minhas férias, nós dois vamos reviver a Suécia.

Ela abraçou-o e sussurrou:

— Promessa é dívida... Será, Márcio? Será que nós recuperamos o que já fomos? Será que a gente se reencontra?

Ele ficou calado e depois de um constrangedor silêncio, disse carinhosamente:

— Tenho certeza que sim... eu nunca estive longe. Eu amo você...

Os dois se abraçaram.

— Você é minha mulher, eu amo você. Não imagino minha vida sem você.

Esse comentário reconfortou-a. Sentiu uma ternura imensa.

Na véspera da viagem Márcio chegou muito tarde em casa, passava das duas da manhã. Adriana o esperava, louca da vida. Na hora em que o viu abrindo a porta, percebeu que ele estava bêbado! Muito bêbado! Que canalha, que cachorro! Ficou bebendo até agora! Há muito não o via tão bêbado. Resignou-se: não adiantava falar nada, ele não lembraria de nada no dia seguinte. Ou fingiria não se lembrar. Dava na mesma. Ele caiu no sofá, ela não tentou levá-lo para o quarto. Que se dane! pensou ela. E foi dormir com raiva.

Adriana abriu os olhos e viu Márcio já de banho tomado ao seu lado, com a toalha presa na cintura. Ele a fitava. Ela olhou para ele por alguns instantes, mas logo virou-se para o lado. Ele puxou-a suavemente e sentou-se na beira da cama. Ela resistiu, mas ele a puxava para perto dele, com carinho, com muito afeto. Adriana não queria se achegar, mas ele deitou-se ao seu lado, e foi seduzindo-a com o afeto, com carícias, com o sexo. Márcio estava excepcionalmente atencioso, próximo, como há muito ela não o sentia. Ela foi se deixando levar. Ele murmurava gostoso no seu ouvido:

— Miau, miau... não fica brava comigo, não fica não... vem aqui, estou com muito tesão, em você, amor... em você... – e mordiscava sua orelha, de leve, uma, duas, dez vezes; beijava seu pescoço, apertava seus seios com as mãos.

Embora ela ainda estivesse com uma certa raiva, o lado amante dele, que parecia ter desaparecido, ressurgiu, envolvendo-a, embriagando-a, tomando-a pelo desejo sexual pulsante, puro, carnal, físico. Foi se excitando e sentia o tesão aumentar, um tesão gostoso, com jeito de novidade, daqueles que bate em amantes recém-descobertos. Transaram até a exaustão completa, plena, como há muito não se encontravam.

Adriana olhava para o marido que tinha uma feição tranqüila, com os olhos semi-cerrados. Ela se aproximou e beijou-o no peito. Ele abriu os olhos devargarzinho, desfrutando o momento. Aninhou-se nos ombros dele e beijou-o seguidamente, sentia-se feliz, ali estava o seu marido, o seu amor de tantos anos. De repente, sentou-se na cama e disse de supetão:

— Mi... o vôo sai às quatorze horas?

— É – respondeu ele, automaticamente.

— Vou te levar ao aeroporto – disse ela, convicta.

Márcio deu um sobressalto.

— Não! Óbvio que não!

— Por que não? – disse ela surpresa e um pouco desconcertada.

— Ora, Adriana, eu não vou fugir! Vou viajar por apenas dez dias. Não tem cabimento grandes despedidas, ele retrucou tentando disfarçar a irritação.

— Márcio! Que horror! Eu só estou tentando ser gentil – disse ela com um tom de mágoa.

Baixou os olhos. Sentiu-se desconfortável. Mudando a entonação, tornando-se muito meiga continuou:

— Nem sim, nem não! Dessa vez eu decido. Vou levar o meu Miau até a porta do avião e dizer-lhe que vou sentir a sua falta.

Adriana foi se enroscando no pescoço dele. Márcio olhava desconcertado, tentou argumentar de diferentes formas, mas ela mostrou-se irredutível. Conhecia a mulher que tinha, não adiantava tentar demovê-la da idéia.

— Está bem – concordou ele, mas Adriana percebeu que ele falava irritado.

No aeroporto, Márcio estava impaciente. Cadê o Décio que não chega nunca?

— Nossa, Márcio, ainda é cedo. Você está muito agitado.

Ele tentou se recompor, falou devagar, tentando parecer natural:

— Conheço o Décio...

— Ele já deve estar chegando... nunca te vi nervoso para viajar... – disse ela desconfiada.

— Mas, dessa vez eu estou nervoso. Ponto! Vou ligar para a fábrica... espere aqui, já volto. E saiu apressado.

Logo depois Décio chegou. Adriana comentou com ele o nervosismo que o marido estava. Décio limitou-se a sorrir. Em instantes, Márcio voltou e foi dando bronca no amigo:

— Pô, Décio! Me deixou aqui, no maior sufoco. Achei que ia sozinho! Décio, sorriu de forma marota, e concluiu: "Ossos do ofício, meu caro! Ossos do ofício!"

Márcio fechou a cara.

XI

Adriana sentia-se estranha, com um pouco de dor de cabeça. Na verdade, algo a incomodava. Resolveu tomar um banho e dar uma descansada antes de as crianças chegarem da escola. Deitou-se e viu em cima do criado-mudo do Márcio papéis dobrados, como uma carta. Devia estar no bolso da calça ou do paletó dele e a empregada colocou em cima do criado-mudo, como costumava fazer, sempre que achava alguma coisa. Achou esquisita a maneira com estava dobrado e pegou-o displicentemente. Assim que abriu, custou a entender o que estava lendo.

Márcio,

Quando você estiver lendo essa carta, estará longe, muito longe. Seja no momento que for, eu estarei pensando em você, em nós, na saudade que já me invadiu, na vontade de estar ao seu lado, sempre. Você não imagina a vontade que me deu de ir encontrá-lo, de pedir férias e ir ficar com você, apesar de sua viagem ser a trabalho, junto com o Décio. Eu ficaria muito feliz de estar com você no final do dia, num quarto só nosso, aconchegante... sairmos para jantar, comer e beber bem, e voltarmos para o hotel. Cheguei a falar para o Décio que, se desse, eu iria. Mas não deu... por isso, resolvi estar presente ao menos por essa carta, para que você não se esqueça de mim nem um segundo.

Daqui a dois dias comemoramos dois anos juntos. Passou rápido, não? Quando me lembro de você na classe, como um verdadeiro adolescente, olhando com o rabo de olho para mim, sendo gentil, me convidando para ir tomar uma cerveja e cabular as aulas do "pimentão", enterneço meu coração. Vejo você na minha frente, tentando saber se eu era comprometida ou não...

Adriana sentiu um soco no estômago. Amassou o papel e jogou-o longe.

Recostou-se no espaldar da cama, tampando os olhos com o braço. Não sentia nada, não conseguia pensar em nada. Estava oca. Na sua mente uma imagem fixa, estática, como se tivesse sido marcada a brasa: *beijos enormes e saudosos, Ciça*. Virou-se de lado, na tentativa de deixar de ver a tal assinatura, de mudar a sintonia, de sair daquele estado de torpor e horror. Não adiantava nada. A imagem ia tomando mais força, entranhando-se pelo seu cérebro, invadindo, destruindo... Adriana ficou por muito tempo ali, aparentemente torpe. Quanto tempo se passou? Não sabia. Nem percebeu que já tinha escurecido. Marina entrou no quarto e estranhou ver a mãe no escuro. Perguntou se ela estava doente, Adriana nem sabe o que respondeu, pediu para ficar sozinha. Chamou a empregada e pediu que desse jantar para as crianças e as pusesse na cama. Ficou ali, quieta, imóvel, vazia, sem concatenar pensamentos por muito tempo. Nada fazia sentido. Nada. Não conseguia chorar. Releu a tal carta umas dez vezes. Não, não era verdade. Não podia ser. Não era... não haveria de ser.. Os olhos secos, brilhantes, fixavam-se no nada, à procura de alguma resposta. Agora ela entendia por que ele não queria que ela fosse ao aeroporto, "ela" deveria estar lá. Ele não teve tempo de avisá-la para não ir. *Ciça* deve tê-la visto com Márcio, a esposa abnegada, a idiota, a imbecil. Sentiu-se péssima. Chorava fininho, ferida, exposta, sem defesas. Adormeceu... entregou-se à exaustão que a consumia.

Os dias que se seguiram foram caóticos. Adriana passava da raiva à auto-comiseração como numa escala musical. Alternava momentos de ódio, de desejo de vingança, com lembranças boas do seu Miau. Abriu-se com Marisa, contou tudo. Foi à casa do pai e também descarregou toda sua emoção com ele e Soraya. Todos mostravam-se solidários. Perguntavam o que ela ia fazer. Ela não sabia. Renato aconselhou-a conversar seriamente com Márcio. Marisa o recriminava abertamente, tomou as dores da filha e afirmava que ele era um canalha, um safado. Márcio ligou, na primeira vez ela não estava em casa. Deu graças a Deus! Na segunda vez, ela atendeu e tentou ser normal com ele, não queria que ele desconfiasse de nada. Seu cretino, seu merda, pensava ela. Você é tão espertinho, vai ver o que o espera! Me aguarde, seu merda... você não me conhece, você me feriu demais. Nem eu sabia que era capaz de sentir tamanho ódio. Caiu em prantos, fragilizada, abandonada, sozinha, carente, precisando de colo. Soluçava, desesperada. Não podia ter acontecido comigo, não podia! Gritava no travesseiro para abafar o som do choro. Uma dor imensa a invadiu. Tocou o telefone, era Marisa. Ela despencou, conversaram por mais de duas horas. Ela acalmou-se. A decisão a ser tomada ia se cristalizando. Como seria a tal Ciça? Não queria nem pensar. E se a vagabunda fosse melhor do que ela?

XII

— Frederico, Marina, Adriana! – Márcio escancarou a porta e entrou chamando pelos filhos e pela mulher.

Ele resolveu fazer surpresa e antecipou a volta para o sábado, ao invés de domingo. As crianças, quando ouviram a voz do pai, saíram em disparada. Adriana gelou. Não queria o encontro, não sabia como ia reagir. Demorou-se na cozinha, tentando organizar as idéias e os sentimentos. Márcio abriu a porta, com os dois filhos no colo. Veio em sua direção. Ela sentiu uma enorme vontade de não deixar que ele se aproximasse, mas conseguiu se segurar. Ele parecia feliz, descontraído. Foi fazendo festa e deu-lhe um beijo no rosto. Ela deu um sorriso e perguntou-lhe que surpresa era aquela. Ele logo chamou os filhos para dar os presentes que tinha trazido. Para ela, ele trouxe uma bolsa linda, de uma *griffe* famosíssima, portanto, caríssima. Adriana não conseguia deixar de pensar no que ele teria trazido para *Ciça*, com certeza um presente melhor do que a bolsa. Sentiu ódio. Controlou-se e agradeceu. Márcio perguntou se ela tinha gostado, ela reuniu as forças e deu-lhe um beijo no rosto.

Durante o dia todo Adriana, em nenhum momento, se deixou trair. Márcio tomou umas cervejas e foi dormir. À noite, depois que as crianças estavam dormindo e ele via televisão, ela chegou perto dele e jogou a carta amassada no colo dele. Seus olhos arregalaram-se ao abrir a carta. Sua expressão foi se transformando à medida que ele reconheceu a letra de Cecília e foi lendo o que estava escrito. Ele olhou incrédulo para ela. Ela virou bicho, olhou com ódio para ele, com desprezo. Ele tentou negar qualquer envolvimento. As cenas que se seguiram variaram da agressão pura e simples ao piegas, do ódio ao afeto, da indiferença à mentira, das ameaças à pena de si própria. Mágoas, cobranças antigas, ódios, diferenças afloraram. Márcio quis beber. Ela o proibiu, jogou a garrafa de uísque cheia na pia, quebrou outra e outra. Foi quebrando o que via pela frente. Ele foi dormir na sala. De manhãzinha, ele abriu a porta do quarto, com cara de quem não tinha pregado o olho. Sentou-se à beira da cama e chorou, chorou muito. Pediu perdão a ela, resolveu contar tudo o que havia acontecido. Ela apenas ouvia, muitas vezes as lágrimas corriam soltas; outras vezes interrompia-o. Disse que queria se separar. Ele disse que nunca. Pediu perdão milhões de vezes, jurou amor eterno, ela era o grande amor de sua vida.

— Vamos recomeçar, Miau... me perdoa... eu amo você. Por favor, querida, por favor – implorava ele. — Eu não sei o que me deu... amor... por favor – e chorava copiosamente.

Ele falou da Cecília, uma colega da pós. Como foram se envolvendo, uma brincadeira machista por parte dele. Ela, uma mulher executiva, brilhante, gerente geral de uma grande empresa. Uma mulher decidida, vinda do interior, sem grandes amigos aqui... a camaradagem, as brincadeiras foram ficando mais íntimas, e quando ele viu já estava envolvido. Adriana não esperava essa atitude dele. Sentiu-se confusa. Mas não cedeu. Ela estava muito magoada. Márcio disse entender. Ele saiu do quarto, e ela adormeceu, exausta. Quando acordou, Márcio tinha saído com os filhos. A casa estava vazia.

Márcio parecia um menino que tinha acabado de sair do castigo, amedrontado, tentando consertar a situação. Chegava em casa cedo, tentando agradar Adriana de todas as formas. Numa noite, já passava das onze horas, Adriana atendeu o telefone:

— Por favor, o Márcio – disse uma voz feminina num tom firme.

— Quem quer falar com ele? – perguntou já sabendo a resposta.

— Cecília.

Adriana, friamente, chamou o marido e disse seca:

— Telefone para você.

Ele percebeu quem era e recusou-se a atender. Ela sorriu sarcástica:

— Querido, é para você! É a Cecília, ela parece aflita. Acho melhor você atender.

Ele balançou a cabeça negativamente. Adriana desligou o telefone, enfurecida. Em seguida, o telefone tocou de novo. Nenhum dos dois atendeu.

Márcio olhava para a tela da televisão, impassível. Ouviram o recado dela na secretária eletrônica:

— Márcio, você é repugnante, um ser covarde. Depois desse tempo todo juntos, eu não merecia receber as chaves e os documentos do MEU carro pelo porteiro. Você abandonou o meu carro, que eu lhe emprestei para não deixá-lo a pé, quando roubaram o seu na garagem. Saiu sorrateiro, fugido, sentindo-se aliviado por não me ver. Seu puto. Você não teve coragem de me enfrentar, seu babaca, frouxo, covarde. A *gorda* deve estar ao seu lado, ouvindo, feliz por ter um marido tão babaca, tão covarde. Márcio, você é uma farsa! UMA FARSA! Só toma coragem para viver quando já está com muitas doses na cabeça. Um covarde, um fraco.

O silêncio que se seguiu foi horrível, pesado, denso. Nenhum dos dois levantava o olhar. Adriana sentia raiva, muita raiva da Cecília, do marido, dela mesma. Chorava silenciosamente. Teve vontade de gritar, de meter a mão na cara dele. Conteve-se. Olhou para ele, estava com o rosto escondido entre as mãos, parecia estar chorando, inerte. Cecília tinha razão, Márcio é um cagão, um fraco. Ela nunca iria perdoá-lo. A decepção com ele era pior do que a traição, muito pior. De certa forma, aprovou a atitude de Cecília. Ela era corajosa e também estava ferida, mas tivera coragem de expor sua carne viva, sangrando.

XIII

Aos poucos a situação foi voltando ao que era, ou como formalmente parecia ser...

Márcio e Adriana nunca tocaram no assunto do fatídico telefonema. Mas este se interpunha entre eles, pesado. Márcio não chegava todas as noites tarde, mas continuava com futebol, amigos nos finais de semana que lotavam a sua casa, *happy-hours*, saunas com o Décio. Será mesmo sauna com o Décio? Adriana ironizava com freqüência, ou será com outra vagabunda? Márcio fingia não ouvir, mas esse tipo de comentário o irritava profundamente. O limite de tolerância deles caiu de forma significativa. Adriana quase sempre fazia um comentário irônico, sarcástico, por vezes, até ridicularizando o marido na frente de quem fosse. Ele, por sua vez, de maneira mais sutil, sempre que podia a colocava como pouco instruída, burra, incompetente para ganhar a vida, chata, egoísta. O clima entre os dois passou de beligerância velada à agressão direta. Márcio ainda tentou salvar a situação diversas vezes, mas encontrava uma barreira enorme na mulher, que fazia questão de não ceder um milímetro. As discussões cada vez mais freqüentes, em pouco tempo viravam bate-boca e brigas. Invariavelmente Adriana trazia à baila o *affair* dele. Usava-o como arma para cobrar a solidão em que se encontrava, a falta de afeto. Márcio explodia:

— Você desenterra cadáveres! Você não consegue esquecer, não é? Já faz tanto tempo, e da maneira como você coloca, parece que foi ontem! Eu nunca mais tive nada com ninguém. Eu me esforço para ficar ao seu lado, para tentarmos viver bem e você vem com essa maldita conversa. Já era, Adriana, por favor! Vê se coloca nessa sua cabecinha de vento que PASSOU! PASSOU!

Marisa estava realmente preocupada com a filha. Ela foi deixando as aulas particulares e as traduções. As crianças estudavam num colégio em período integral, e já estavam grandes. A casa não a ocupava mais como antigamente. Adriana estava gorda, desleixada, sem objetivo nenhum de vida. O casamento não se desfazia pelo medo dos dois, a separação parecia a alternativa mais saudável para ambos. Marisa convenceu a filha a fazer terapia, o que fez muito bem para Adriana. Ela voltou a trabalhar, resolveu fazer Letras, estudou e entrou na Universidade. Ela agora era uma universitária, no primeiro ano, e estava adorando a meninada (suas colegas). O relacionamento com Márcio se tornou mais ameno, as discussões continuavam, mas com menor intensidade e menos agressivas, embora todas as discussões acabassem tocando no caso do marido. Ela nunca o perdoou, fingia ter esquecido, mas a raiva, a mágoa continuavam ali, presentes, ferinas, corrosivas. Márcio continuava com a vida que sempre tivera, em companhia de Décio, o *bon vivant*.

Certo dia, foi buscar Marina numa festa. Marina, ao ser avisada que sua mãe estava lá, ia saindo em direção oposta à sua. Um menino que tinha visto Adriana gritou para Marina: sua mãe não é uma gorda? Ela está na outra porta. Marina identificou a mãe e foi em direção a ela. Adriana ficou completamente passada. Aquilo deixou-a péssima. Jamais alguém a identificara como "a gorda". Ela não era tão gorda assim, o fato de ser baixinha complicava. Não se achava obesa. Mas aquilo a tocou profundamente. Decidiu que iria emagrecer. Procurou um bom endocrinologista, recomendado por sua terapeuta. Marcou a consulta. O dr. Augusto, um médico jovem, não devia ter quarenta anos, ou próximo disso, foi muito atencioso com ela; era daqueles médicos calmos, que parecem ter todo o tempo do mundo para ouvir. Anotava tudo o que ela dizia, fez muitas perguntas, sobre sua vida, suas emoções: enfim, pediu-lhe para contar a sua história. A consulta durou mais de uma hora e meia. Adriana sentiu-se muito bem.

XIV

Adriana seguiu à risca o tratamento, voltando regularmente ao consultório do médico. Emagreceu e comemorou. O dr. Augusto incentivava, cobrava, mais parecia um amigo. Adriana estava adorando o médico. Ele é muito humano, dizia ela, eu fico um tempão lá, conversando, ele também conta algumas coisas, é divertido, mas outro dia que eu engordei ao invés de perder peso, levei uma bronca daquelas. Ele é muito legal, eu me sinto muito à vontade, sabe daquelas pessoas que você não consegue esconder o que está sentindo? Parece que me conhece há anos!

Depois de um ano, dezesseis quilos mais magra, Adriana tinha uma consulta no final da tarde, num dia de calor sufocante, insuportável, que prenunciava uma daquelas terríveis tempestades de verão que alagam tudo e param a cidade. Adriana chegou atrasada e só seria atendida por volta de sete horas, a última consulta do dia. A recepcionista foi embora e ela ficou esperando a sua vez. Lá fora o mundo vinha abaixo, chovia torrencialmente, com muitos raios e trovões. Já passava das sete quando dr. Augusto a chamou. No consultório, ele fez um elogio que a deixou constrangida:

— Adriana, você com esse vestidinho curto e decotado está uma coisinha! Está de parar o trânsito! – e rapidamente ele emendou: — Quem te viu e quem te vê! Parabéns! Você chegou lá.

Ela se sentiu meio sem graça, e agradeceu. Depois completou:

— Ai Augusto, fico sem graça!

— A verdade tem de ser dita! Vamos pesar e confirmar a sua vitória.

Ela tirou a roupa, ficou só de sutiã e calcinha, como de costume, para se pesar. Subiu na balança e ela mesma já colocou o peso e ficou feliz por ver que tinha perdido mais um quilo. Deu um gritinho de alegria. Sem perceber que ele estava ao seu lado, chamou o médico:

— Augusto, Augusto venha me dar os parabéns. Venha ver o que eu consegui!

Ele estava muito próximo a ela, quase colado e a olhava de um jeito esquisito. Ela não entendeu o que se passava, e nem teve tempo para pensar porque ele se aproximou ainda mais, envolveu-a pela cintura e a beijou, demoradamente. Adriana, sem pensar no que estava acontecendo, correspondeu, foi invadida por uma sensação de prazer enorme. Deixou-se levar. Augusto beijou-a mais de uma vez e depois abraçou-a. Adriana sentiu o peito largo do médico, não conseguia raciocinar. Só sabia que era bom. De repente, ela deu um salto para longe dele, assustada. Seu rosto estampava a sua perplexidade. Caminhou de costas em direção à parede e, instintivamente, pegou o lençol que estava na maca onde ele examinava os pacientes e se cobriu. Ela olhava para ele, tentando entender. Ele olhava para ela fixamente, mas com ternura. Adriana não conseguiu enxergar isso, só estava assustada.

— Augusto, Augusto, dizia aflita. Por que você fez isso? Por quê?

Ele não falava nada, foi se aproximando novamente dela, mas de uma maneira delicada que não a assustou mais. Ele abraçou-a e beijava seu rosto. Adriana não raciocinava, parecia uma cena irreal. Mas a sensação de estar ali com ele era boa.

— Há quanto tempo eu tenho vontade de fazer isso, de tê-la junto de mim, assim acariciando seu cabelo, beijando você, sentindo seu cheiro.

Augusto sussurrava no ouvido dela e a mantinha colada nele. O coração de Adriana batia aceleradamente, mas ela não ousava pronunciar qualquer palavra.

— Hoje, Adriana, eu não resisti. Você está linda... um tesão. Tenho pensado muito em você... mais do que eu gostaria, você não imagina. E a beijou de novo. Adriana... que bom estar assim com você – dizia ele, entrecortado.

Ela sentiu o quanto ele estava ficando excitado. Recuou, amedrontada. Afastou-se dele, olhou firmemente para ele, tentando entender o que acontecia. Retomando sua postura, falou, esforçando-se para não gaguejar e nem chorar.

— Eu não sei o que pensar. Você não está achando que eu vou dar para você, está? – indagou ela com grande ansiedade.

— Por que essa pergunta?

— Ora! Faça-me o favor, Augusto. Você não parece o tipo de homem que agarra pacientes no final do expediente, um gavião, um tarado sexual – disse ela exaltada.

— Claro que não! Tem graça! Muito me admira você fazer esse tipo de pergunta. Acho que você me conhece, ao menos um pouco!

— Pára! Daqui a pouco vou achar que fui eu que te agarrei...

Ele deu um sorriso maroto, e olhou de soslaio para ela.

— Antes tivesse sido, eu teria adorado. Aliás, Adriana, você nem sabe como sonhei com essa possibilidade, juro... você jura que nunca percebeu que eu tinha um interesse especial em você?

O comentário desarmou-a, ele percebeu, mas fingiu não ter se dado conta e continuou:

— Adriana, há muito tempo eu sinto algo diferente por você; no começo achei que era só tesão. Mas à medida que a fui conhecendo melhor, e você foi se transformando, adquirindo autoconfiança, ficando essa mulher linda que você está, me peguei inúmeras vezes pensando em você, no seu jeito, e no seu corpo também. Eu acreditei que fosse tesão de homem de quase quarenta anos, casado há doze. Mas não... Você não reparou que eu sempre tento remarcar as consultas para os últimos horários? Queria ter mais tempo para ficar com você... sabe, eu cheguei a pensar que você também estava sentindo a mesma coisa que eu, você tem vindo tão arrumada... pediu para vir pesar a cada quinze dias.

— Não – reagiu ela! — Eu nunca pensei em você como homem!

Ele deu uma sonora gargalhada. Ela ficou desconcertada. Ele percebeu e não queria que ela se sentisse acuada, aproximou-se novamente dela e pegou-a pela cintura. Olhou-a fixamente e perguntou:

— Eu acho que estou apaixonado... e espero ser correspondido.

Ela passou as mãos freneticamente na cabeça. Não sei! Augusto, não sei. Estou atônita. Eu podia imaginar tudo, tudo, menos ouvir que você está apaixonado!

Ele a acariciava ternamente. Adriana, eu nem achei que fosse acontecer, acabar revelando para você o que está me atormentando. Eu só tinha fantasiado até um pouquinho a mais – disse ele maliciosamente.

— Augusto!

— Verdade! Fique calma, nada vai acontecer se você não quiser. Caso a gente vá para a cama, será consentido e desejado também. Essa chuva não passa, deve estar tudo alagado por aí. Você vai demorar horas para chegar até o condomínio, é muito longe. Vamos comer alguma coisa por perto? Assim conversamos mais tranqüilamente e, fora do consultório, você vai deixar de ver o dr. Augusto, certo? Ligue para sua casa e diga que você está presa por causa da chuva.

Ela concordou.

— Frederico, sou eu, mamãe. Estou no médico e chove um absurdo, está tudo alagado e o trânsito, um caos absoluto. Vou comer um lanche e assim que o trânsito melhorar, volto para casa. Seu pai já chegou? Ainda não? Ele ligou? Não, por nada. Peça para a Ivanilda servir o jantar para você e para a Marina, mais tarde eu ligo. Beijos, querido.

Enquanto ela se vestia, Augusto desceu as escadas e telefonou da recepção para casa, avisando que ia chegar tarde. Ela ouviu:

— Avise a sua mãe. Sim estou com o bip, qualquer coisa bipem!

Nesse momento, Adriana caiu em si e lembrou-se que os dois eram casados. Teve vontade de fugir, de não vê-lo mais, pensou nos filhos, no Márcio. Não ia acontecer nada, nada. Foi ao banheiro e ouviu a voz de Augusto chamando-a, dizendo que ia desligar as luzes. Ela abriu a porta e o viu ali, descontraído e pensou: que homem interessante, como eu não tinha percebido?

XV

Nos meses que se seguiram, Adriana e Augusto viveram um intenso caso de amor. Apaixonaram-se. Ela era outra pessoa, muito mais tolerante, bonita, cuidada, estudando e trabalhando muito. Todos percebiam a transformação em Adriana, ela dizia que o fato de ter recuperado a auto-estima tinha devolvido a sua garra e que, agora, ela não se sentia menos do que ninguém e nem inferiorizada por estar estudando depois dos trinta. Tinha amadurecido. Estava bem com ela mesma. O fato de ele ser médico e ela dar aulas inclusive para executivos em empresas, dava-lhes mais flexibilidade de horários. Muitas vezes, aos sábados, eles se encontravam perto da hora do almoço. Uma aula extra, uma reposição eventual, por exigência da escola de inglês onde ela trabalhava. "Não posso dizer não!" Afirmava ela para quem quer que fosse. Sentia-se totalmente segura para mentir e ir se encontrar com Augusto.

Todos acreditavam que ela tinha se reencontrado, que a felicidade dela estava ligada exclusivamente à nova maneira de encarar o mundo, menos rígida, mais centrada em si mesma. Todos, menos Marisa, que percebia ter algo a mais na alegria da filha. Tentou algumas vezes falar com Adriana que desconversava rapidamente. Essa "escapada" da filha, não querendo falar no assunto, só serviu para confirmar suas suspeitas. Adriana arranjou outro, ninguém me engana. O que essa menina vai fazer? Ela é teimosa e voluntariosa, e não tem essa força que alardeia, conheço minha filha. Meu Deus, ilumine-a. E fez o sinal da cruz.

XVI

— Adriana? O Márcio já saiu? Você está sozinha?

— Augusto? O Márcio acabou de sair... mas por que você está ligando aqui em casa às oito horas da manhã? Aconteceu alguma coisa?

— Adriana, você tem aulas agora cedo?

— Tenho às nove e às dez horas, mas não é longe. Por quê?

— Precisava ver você – disse ele com a voz entrecortada, ofegante.

— Augusto, o que houve? Você não está passando bem? Estou ficando nervosa, diga logo o que se passa – insistiu ela, cada vez mais ansiosa.

— Você pode desmarcar as aulas?

— O quê??? – Depois de um breve silêncio, ela mudou o tom de voz, tornando-se incisiva. — Desembucha logo. Estou ficando irritada.

— Adriana, por favor, o mundo caiu. C-A-I-U! A Silvana descobriu tudo. Foi um *auê*, você não imagina.

Adriana deu um pulo da cama. Percebeu o quanto ele estava tenso e amedrontado.

— Onde você está?

— Estou num *flat* perto do consultório.

— Num *flat*? Augusto, disse ela desconcertada e com grande aflição na voz, como você está?

— Vivo, quer dizer, sobrevivente de uma noite de terror: "A noite das garrafadas".

— O quê? Você está machucado?

— Não... esquece. Preciso ver você, preciso ver você – repetia ele impaciente. — Dá para você vir me encontrar agora?

— Augusto, eu não posso desmarcar as aulas. Eu precisaria avisar a escola e pedir para alguém me substituir; está muito em cima da hora.

— Ai, Adriana, dá um jeito... por favor – insistiu, num tom de súplica.

— Augusto, eu não sei se consigo – respondeu desculpando-se. Sentindo-se muita dividida, completou — Vou ver o que posso fazer. Diga-me onde está que assim que eu me livrar, vou ao seu encontro. Calma, calma, por favor. Vou fazer o possível para chegar o mais cedo que der.

— Adriana, diz que você não está bem. Quer que eu ligue para lá, como seu médico?

Ela ficou indecisa. Ele não esperou resposta.

— Deixa comigo, vou dar uma boa desculpa! Anota o endereço e o telefone.

Ela obedeceu. Arrumou-se e foi ao encontro dele.

XVII

Adriana estava pasma com o que ouvia. Silvana descobrira que eles tinham um caso. Como? Alguém ligou para ela e deu o serviço completo. Ela o seguiu – como num filme B –, saindo do consultório, num dia em que ele disse que ia passar no hospital, e viu quando os dois se encontraram e ficaram juntos, até a entrada do motel. Ele tentou negar, mas ela estava furiosa, perdeu a cabeça, agrediu-o, fez voar pratos, garrafas, até um vaso de cristal tcheco. Obrigou-o a arrumar as coisas e sair de casa antes de amanhecer. Acabou com ele: canalha foi um elogio perto do que ele tinha ouvido, e pediu a separação. No estado em que ela estava, não adiantava tentar conversar. Augusto ficou com medo que ela fizesse alguma besteira, tamanho o descontrole dela. Ele saiu às duas da manhã e foi para o *flat*.

Adriana ouvia quieta, não esboçando nenhuma reação. Depois que ele contou tudo, ficou quieta por um bom tempo, pensando no que aquilo significava. De repente, perguntou muito ternamente:

— E agora, o que você pretende fazer?

Ele olhou-a com um semblante triste, de alguém que não esperava ter de tomar uma decisão tão pesada.

— Ainda é cedo, querida. Eu estou praticamente sem dormir. Mas acho que não tem volta. Nosso casamento estava muito ruim, ela vivia reclamando... e também tem você...

— Augusto... – disse ela, abraçando-o.

— Eu preciso mais do que nunca de você – disse ele com um ar de menino que fez travessura, e foi pego em flagrante.

Deitou-se no colo dela e fechou os olhos. Ela fez cafuné na sua cabeça. Augusto chorava, as lágrimas caiam rapidamente pelo seu rosto. Um choro sentido e muito cansado.

De repente, ele perguntou de maneira inesperada:

— Dri, você viria morar comigo?

— Como??? Morar com você? – falou absolutamente surpresa.

— É. Vir ficar comigo, assumirmos nossa relação. Vivermos como marido e mulher.

Adriana sentiu o mundo girar, não sabia o que responder. No fundo, estava exultante; de repente, o que fantasiara nesses anos todos, tudo o que mais sonhara, virava realidade.

Os quinze dias seguintes foram os mais conturbados na vida de Adriana. Silvana recusava-se a falar com Augusto, ele teve dificuldade para ver os filhos, precisou ameaçar invadir a casa. Depois de dez dias Silvana atendeu o telefone, conversaram duas ou três vezes e decidiram que iriam se separar. Augusto voltou a pedir para Adriana vir morar com ele. Eles ficariam no *flat* até vagar um apartamento pequeno que ele tinha, mas dava para trazer o Fred e a Marina para morarem com eles.

O nervosismo de Adriana era patente. Não conseguia dormir direito. Por qualquer coisa se alterava, explodia com facilidade. Marisa chamou a filha em sua casa, trancou a porta e disse:

— Sem A, nem B. Pode me contar tudo o que está acontecendo.

— Mamãe, o que é isso? Não há nada... – disse ela, tentando disfarçar o nervosismo.

— Adriana! falou ela enérgica.

— Estou falando sério... – e virou o rosto, com medo que sua expressão a denunciasse.

— Adriana, chega! Você vai me falar agora o que se passa. Se eu não estivesse aqui, provavelmente, a essa hora, você já teria feito bobagem. Anda! – disse ela impaciente. — Tem outro, não tem?

Adriana voltou-se e sentiu seu rosto vermelho.

— Claro que não!

— Não minta! Estou perdendo a paciência!

Vendo que não adiantava negar, colocou a mão no rosto e desatou a chorar. Marisa acolheu-a, como se ela fosse uma menininha assustada. Ouviu toda a história e admirou-se de ninguém saber o que se passava.

— Minha filha, eu sei o quanto deve estar sendo difícil para você. Mas se ele gosta de você, você dele, quer assumi-la, como também as crianças... talvez seja a melhor solução – disse ela conciliatória. — Vá com calma, espere vagar o apartamento e mudem-se todos. Aliás, você devia pedir para o Márcio sair, as crianças estão acostumadas aqui. Você acha que o Márcio aceita a separação?

— Acho que sim. Há anos nosso casamento é isso que você vê: uma merda!

— Filha, cuidado ao falar com ele. Homem pensa diferente da gente, muito diferente. Eu acho que é muito difícil prever a reação de alguém que está sendo trocado. Por que você só não pede apenas a separação e mais tarde conta a verdade?

— Ah, mamãe, tenha dó! Você acha que ele é idiota? Daqui a dois meses eu chego, toda formosa, com a cara lavada e digo: "vou morar com outro". Aí sim, ele vai ficar furioso.

XVIII

Depois da conversa com a mãe, Adriana encheu-se de coragem e decidiu conversar com Márcio. Estava na hora. Augusto a incentivava: "A espera é pior do que na hora, você vai ver. Ele vai aceitar". Augusto queria que ela fosse já morar com ele. As crianças iam entender.

Numa noite, depois do jantar, Márcio tinha tomado apenas duas cervejas e via o jornal na tevê, quando Adriana o chamou. Escolhia as palavras para não demonstrar o seu nervosismo:

— Quero falar com você. Aqui não, vamos para o quarto. Tem de ser agora, Márcio, é sério. Márcio, eu preciso falar com você, hoje, agora, por favor. EU ESTOU PEDINDO!

Com extrema má vontade, Márcio desalojou-se do sofá e seguiu-a. Foi resmungando que não podia ter sossego nunca, que bastava ele estar tranqüilo para ela vir encher o saco etc. Assim que entraram no quarto, ela disparou:

— Pelo visto, eu sou um fardo para você.

Márcio olhou para ela desconfiado. Ela continuou:

— Já que eu sou esse saco, acho melhor a gente se separar.

— De novo? Ah, não! Por favor, me dê um tempo. Você anda insuportável, mais do que o normal. Mas o que eu fiz dessa vez para você começar essa ladainha de novo? Se fosse verdade... – comentou ele com ironia.

— Dessa vez é de verdade. Eu quero me separar.

— Está bem, amanhã a gente conversa. Vou ver o jornal. – E foi andando em direção à porta.

— Márcio – gritou ela. — Eu não estou brincando. Por favor, vamos conversar direito!

Pelo tom de voz dela, ele teve certeza de que não era uma ameaça. Sentiu uma preguiça imensa. Mas sentou se na beira da cama e disse:

— Vamos, começou agora termine. – De repente, ele perguntou:

— Quem é ele?

— Ele? Que ele? – disse ela, tentando disfarçar.

— Ora Adriana, você e sua cabeça de merda. Você sempre me subestimou, julga que eu sou muito estúpido, mas eu não sou. Vamos, você tem outro, não tem?

— Não, respondeu gaguejando.

— Eu não vou ficar a noite toda aqui ouvindo seu blablablá! Vamos logo com isso! Você arrumou outro! Eu sei! – afirmou ele de maneira incisiva. — Como você é idiota.

— Márcio, não é assim...

— É como? – gritava ele. — É como? Não me diga que você, depois de tantos anos de uma merda de convivência, tomou coragem e vai enfrentar a vida sozinha? Você é covarde! Ficou valente de repente? Muita coragem para uma toupeira como você! Conheço você bem demais, sei cada pensamento que passa nessa cabecinha de vento! Sua burra! Imbecil!

— Pára, Márcio! Não grita!

— Grito sim! Vai, desembucha: você tem outro. – Disse ele profundamente alterado e sacudindo-a. — Fala, porra!

— Tenho sim! Tenho, tenho! – falou ela tremendo. — Tenho um cara bárbaro, muito diferente de você, seu animal!

Márcio ouviu e permaneceu calado. Baixou o olhar e colocou o rosto nas mãos. Impossível saber o que ele sentia. Adriana não sabia o que fazer. Sentou-se no outro lado da cama e ficou olhando para ele. De repente, ele, de forma muito serena, disse que ia pegar um uísque e já voltava. Ela acenou afirmativamente com a cabeça. Esses minutos foram muito longos, Adriana não sabia como Márcio ia reagir. Estava com medo. Márcio voltou depois de algum tempo, com um copo com um resto de dose e uma nova garrafa recém-aberta. Seu semblante estava desanuviado, parecia ameaçadoramente sereno. Nenhum dos dois dizia nada, Márcio ia tomando a bebida rapidamente. Adriana estava confusa.

— Adriana, devemos tentar acabar com isso de uma forma decente – disse ele pausadamente, surpreendendo-a. — Nós já fizemos besteiras demais. Não quero saber quem é ele – disse sem ironia na voz. — Vamos conversar como adultos que deveríamos ter sido ao longo desses anos todos. Conte-me tudo, nós já devíamos ter feito isso há muito tempo.

Sua voz era terna, aparentemente sem raiva.

— Márcio, nós estamos há tantos anos juntos, dois filhos, se pudermos nos entender vai ser melhor para todo mundo.

Conversaram horas, cordialmente, até com muita cumplicidade. Adriana sentiu-se à vontade e contou parte de sua história e o projeto de morarem juntos. Inacreditavelmente Márcio não se opôs a nada, aceitou tudo, menos sair da casa.

Adriana olhava incrédula, mas feliz por tudo estar caminhando tão bem. Parecia um sonho que o Márcio estivesse reagindo dessa maneira. Desconfiada, e aproveitando o clima de cumplicidade, ela não resistiu:

— Márcio, você também tem uma namorada?

Ele olhou sério para ela, com cenho cerrado e respondeu ríspido:

— Não, claro que não! – Percebendo o tom de sua voz, deu uma risada e consertou: — Antes tivesse, antes tivesse, minha cara!

Depois de tudo conversado decidiram que ela iria mudar-se e que as crianças ficariam com ele até ela acertar a vida. Márcio fazia questão de que os filhos sentissem o menos possível a mudança. Quando ela estivesse pronta para sair de casa, falariam com Frederico e Marina, sem traumas. Adriana olhou para ele agradecida, e era perceptível a ternura em sua voz:

— Pena, Márcio, que a gente tenha se desencantado. Você é muito legal!

Ele olhou para ela com indiferença e bebeu a sexta ou sétima dose de uísque de uma vez só. Ela o conhecia. Ele estava bêbado.

XIX

Tudo saiu conforme o combinado. A mudança de Adriana foi triste, mas tranqüila. Ela ia ver os filhos todos os dias. Num fim de semana, conheceram Augusto. Ele pediu um tempo para apresentá-la para os seus filhos; argumentava que a situação era diferente, eles não aceitavam que o pai tivesse largado a mãe deles por causa de outra mulher. Adriana fingia estar conformada.

O inquilino não saía do apartamento, Adriana estava ficando aflita. Augusto tinha posto um advogado para despejá-lo, mas essas ações eram lentas, dizia ele.

Depois de três meses morando juntos, Augusto estava passando por uma fase difícil: Silvana estava pegando pesado. Por isso, ele andava muito nervoso, com insônia e, conseqüentemente, com menos paciência e mal-humorado. Ele não queria falar muito sobre o assunto. A sua filha caçula estava com muitos problemas de relacionamento, acabou doente, uma meningite brava. Augusto ia vê-la todos os dias, ela ligava para falar com o pai, chorando. Ele largava tudo e saía correndo para ir ver a filha. Muitas vezes, chegava depois das onze horas.

Adriana não suportava a situação, mas sentia-se tolhida para reclamar abertamente. Ele argumentava que a filha estava com uma doença séria, a presença dele era imprescindível. Adriana chorava, estava difícil conviver com ele.

A menina se restabeleceu depois de uns vinte dias. Mal ela estava melhor, Augusto avisou Adriana ter decidido ir a um congresso em Recife, por uma semana. Ele quis ir sozinho, pois estava precisando descansar, tirar umas férias. O lance com a filha o tinha exaurido; além disso, estava no seu limite, sabia o que viria pela frente com a Silvana. Assim, Adriana ficaria mais com os filhos. Ela, contrariada, concordou.

Augusto voltou um dia antes do combinado. Antes das oito horas da manhã, entrou no apartamento. Seu andar estava diferente. Ela sentou-se rapidamente na cama, seu coração disparou. Ao vê-lo, percebeu que algo grave tinha acontecido. Seu coração gelou. Ele fitou-a longamente, sentou-se ao seu lado. Ela não conseguia falar, aliás queria que ele não falasse nada, tinha vontade de gritar, estava com dificuldade para respirar. Mal olhava para ele, não podia dar brecha para ele começar a falar. O olhar dele era resoluto, distante.

— Eu sinto muito – falou ele num rompante! — Eu realmente sinto muito, Adriana.

— Do que você está falando?

— Adriana, não dá mais. Foi um erro, um grande erro. Eu não sei como dizer.

Ela ouvia estática, sem esboçar qualquer reação. Ele, sem olhar para ela, continuou:

— Eu não queria magoar você, mas eu não posso continuar aqui. Meu lugar não é ao seu lado. Nós nos precipitamos. Eu me precipitei. Melhor parar por aqui, antes que fique mais difícil. Eu...

Ela o interrompeu, com uma voz quase inaudível:

— Você está me deixando? – perguntou, esperando por uma negativa.

— Estou.

— Para onde você vai?

— Voltar para casa.

— A Paulinha piorou? Teve recaída?

Ele olhou para ela com pena, respondeu com ternura.

— Não, Adriana. A Paula está ótima. Eu vou voltar para a minha casa, com meus filhos...

— ... e a Silvana – ela completou, sem conter as lágrimas.

— Infelizmente é assim... eu não fiz de propósito, eu juro – disse ele, desculpando-se.

Ele permaneceu falando por mais um tempo. De repente, com voz de súplica, mas cheia de ódio, Adriana gritava, descontrolada:

— Eu larguei tudo por sua causa e agora você vem me dizer que não é nada disso? Como assim? Como você pede desculpas e pensa que a minha vida vai voltar a ser o que era? Como eu fico? Você vai ser recebido de braços abertos e eu, e eu? Me diz... me diz, me diz!

— Adriana. Não é fácil, mas não faça assim, por favor, ninguém tem culpa. Tente se preservar! Eu não queria que as coisas tivessem evoluído dessa forma. Nunca quis magoar você.

Ela estava em choque, não conseguia atinar direito o que estava acontecendo. Só pediu para ficar sozinha. Augusto levantou, abriu a porta e foi embora. Olhou para ela por uns instantes, mas não disse nenhuma palavra.

Ela deixou o *flat* na mesma semana, foi para a casa de Marisa. Augusto nunca mais atendeu a um telefonema seu.

Adriana entrou em um estado de prostração total. Chorava todo o tempo, não queria sair da cama. Augusto não a procurou mais. Ela não podia acreditar. Sentia-se, sobretudo, humilhada. Foi difícil para ela encarar os filhos e dizer a verdade. Pediu licença na escola de inglês. Ela parecia um zumbi, faltava-lhe o chão. A sensação de vazio e de fracasso instalou-se na sua alma.

Adriana não conseguia reagir. Teve uma pneumonia grave e acabou internada, chegando a ficar na UTI por alguns dias, e foi se restabelecendo lentamente. Na véspera da saída dela, à noite, a porta do quarto se abriu e, para o espanto de Marisa, Márcio entrou. Adriana assustou-se.

Ele não estava à vontade, era visível seu constrangimento. Marisa não sabia como agir. Márcio olhou para ela e perguntou se podia conversar a sós com Adriana. Marisa ficou indecisa. Adriana consentiu.

— Você está bem? – perguntou ele timidamente. — As crianças me disseram que você sai amanhã.

— Na medida do possível, sim. Cadê as crianças?

— Eu vim aqui porque quero levá-la para casa. Eu não quero que você volte para a casa da sua mãe.

Adriana olhava para ele perplexa. Seria realidade ou delírio?

— Márcio, como assim? Voltar para casa, para a nossa casa? Eu não estou entendendo.

— Adriana, nós fizemos muita besteira. Eu mais do que você. Você nunca me perdoou pelo que fiz. Eu preciso confessar uma coisa, eu descobri o seu caso com o médico; aliás, não foi nada difícil. Eu fiquei enfurecido, enlouquecido. Não sei como você vai reagir, mas fui eu quem contou para a mulher dele sobre o caso de vocês. Eu achei que ele ia terminar com você, mas quando ele saiu de casa e você pediu a separação, aceitei tão facilmente porque queria me vingar, eu ia tirar a guarda das crianças de você. Fui a um advogado que me instruiu como agir. Você não sabe, mas eu consegui a separação de corpos...

Adriana ouvia boquiaberta. Ele respirou fundo e continuou.

— Porém, o ódio que eu senti, a vontade de acabar com você foi passando. Quando eu soube que estava na UTI, percebi que não podia perder você. Eu sinto muito a sua falta. Eu não dou conta de cuidar dos nossos filhos, da nossa casa. Acho que você agora entende o que aconteceu comigo e com "ela". Eu enlouqueci de ciúme com o médico, que se mostrou um engodo. Quem sabe a gente zera esse passado e recomeça de novo...

— Márcio, você me pegou tão de surpresa... eu nem sei o que responder. Estou confusa.

Márcio aproximou-se da cama e deu-lhe um beijo no rosto.

— Adriana, vamos tentar de novo... eu queria dormir essa noite aqui com você, posso?

Ficou quieta por alguns momentos, mas acenou com a cabeça que sim.

XIX

— Adriana, você está com uma cara ótima hoje. Mas não quero você abusando. Você ouviu o que o médico disse: há seqüelas e é bom se cuidar, senão, hospital de novo!

— Márcio, eu já estou bem. Desde ontem não precisei de oxigênio! Preciso voltar à minha vida, estou me sentindo inválida!

— Você tem razão, ia fazer uma surpresa para você. Chamei o Décio e uns amigos mais íntimos para um churrasco no domingo. Quero muita alegria, quero tudo como antes.

— Márcio, você está brincando?

— Claro que não! Não se preocupe Miau, eu contratei aqueles caras dos espetinhos. Eles trazem tudo, você não terá de fazer nada, nada!

O Olhar do Psicólogo...

Felizes para sempre!

Marília

Marília sentou-se na cama e abriu a gaveta do criado-mudo. Começou a juntar as miudezas para guardar nas caixas e retirou do fundo a sua foto preferida: Jorge e ela. E começou a chorar. Jorge, como você me faz falta! Seis meses se passaram e eu morro de saudade de você. Por que, por que aquele carro maldito fez uma ultrapassagem proibida na estrada e justo você tinha que estar vindo na direção contrária? Eu não me conformo. Ficamos casados apenas três anos, nem um filho tivemos. Nesse momento, Priscila entrou no quarto e viu a irmã chorando:

— Marília, Marília, eu sei que ainda dói muito, mas o caminhão da mudança estará aqui amanhã cedinho. Ainda tem muita coisa que você precisa decidir se quer guardar ou não.

Marília olhou desconsolada para a irmã.

— Pri, você sabe como está sendo difícil mexer em tanta coisa, remexer em tantas lembranças... – e voltou a chorar.

— Ai, minha irmã, eu imagino. Mas, por outro lado, você está abandonando essas lembranças. Deixar São Carlos e ir para São Paulo significa um recomeço. Você estava aqui porque o Jorge era professor da faculdade, era a carreira dele. Agora, você está indo para São Paulo, vai ser professora em uma boa escola, com um número de aulas legal, podendo se sustentar. Lá você vai conhecer gente nova, se ocupar, e eu estou em Campinas...

— Eu sei, eu sei – disse ela, resignada. — Mas poderia ter sido tão diferente...

— Então, mãos à obra! Já estou ficando exausta. Esse móvel você decidiu, vai ou não?

—Não. Ele é muito grande, vai entupir o apartamento.

II

Nas primeiras semanas, logo após a mudança, Marília conheceu uma de suas vizinhas de andar, Elisa, um pouco mais moça do que ela, casada com Felipe, mãe de duas gracinhas: o João Pedro e a Lívia. Elisa, com seu jeito comunicativo e simpático, foi logo se apresentando para a nova vizinha e, ao saber da sua história, estreitou os laços, convidando-a para almoçar em sua casa, para irem ao supermercado juntas, ao cabeleireiro etc. Em pouco tempo tornaram-se muito amigas, daquelas que deixam a porta dos fundos sem tranca, para que a outra entre sem bater.

— Marília? – gritou Elisa.

— Estou no quarto. Não precisa gritar num apartamento desse tamanho, mesmo se você sussurrasse eu ouviria – respondeu, brincando.

— Estou numa dúvida, vim perguntar o que você acha. Sábado completo trinta anos. O Felipe está querendo fazer um churrasco lá embaixo, mas eu não estou muito a fim disso. Se fizer churrasco, tenho de chamar a família dos dois lados, e é uma despesa considerável. Mas, eu queria comemorar. Aqui em casa é muito pequeno...

— Ir a um restaurante pode ser uma alternativa.

— É, pode, mas acho meio impessoal, a gente não consegue conversar com todo mundo.

— Por que você não chama os mais chegados e vai para um lugar dançar. Eu sei que você adora dançar!

— Claro! Que idéia bárbara! Adorei. Fechado.

No sábado, antes da hora marcada para saírem, Marília foi entregar o presente da amiga e se desculpar, avisando que não iria, pois não estava com pique para danceteria. Elisa nem a deixou terminar:

— O quê? Acho que não ouvi bem; no meu aniversário você não vai? Nem pensar, não admito! A senhora vai sim e vai se divertir. São poucas pessoas, gente legal. Pode se arrumar, ficar linda que eu espero!

Mesmo contrariada, Marília foi. Estava se sentindo meio deslocada. Já passava das onze e meia quando o irmão de Elisa chegou.

— Finalmente você chegou! – disse a aniversariante, meio brincando, meio brava. — Achei que nem viesse.

— Imagine, Elisa, se eu ia fazer isso com você! Uma vez ou outra eu manco, mas sempre por uma causa nobre, você sabe disso – e deu risada.

— Você não tem jeito! Acho que você conhece todo mundo menos a Marília, minha amiga e vizinha.

— Marília, este é meu irmão, Osvaldo, mais conhecido como Dinho. Um grande irmão, quando aparece, um cara de pau, mas um bom sujeito... – completou em tom de brincadeira.

Dinho sentou-se ao lado de Marília e logo foi puxando papo. Ela se sentiu meio tímida, mas ele era muito divertido, contando casos e confusões, tanto suas como de outros. Não havia como não rir, descontrair. Perguntou o que ela fazia, quando e por que havia se mudado, ela até contou que era viúva. Ele chamou-a para dançar, mas ela não quis. Olhou-a bem e, sem dizer uma palavra, levantou-a da cadeira, num gesto teatral, como um galã de cinema dos anos quarenta, arrebatou-a e levou-a para a pista. Ela riu muito e acabaram dançando por muito tempo. A noite que ela imaginava tão angustiante, acabou sendo realmente divertida.

No dia seguinte, logo cedo, Elisa foi vê-la. Ela ainda estava deitada, com aquela preguiça domingueira.

— Cansada amiga? Também, o que você dançou. Gostei de ver. Eu não disse que você ia se divertir. Que cara boa!

Marília espreguiçou-se e sentou-se na cama.

— Seu irmão é muito divertido, foi legal – disse ela calmamente.

— O seu sucesso foi maior do que você pode imaginar, pois ele ligou se convidando para almoçar em casa hoje e pediu para convidá-la também.

Marília ficou surpresa.

— Almoçar com vocês? Nossa, que direto! Mas você fala pouco nele, não sabia que ele era tão chegado assim.

— O Dinho é isso que você viu. Um grande sedutor, um cara divertido e também muito cuca fresca. Fresca até demais. Ele vive enrolado, eu já nem pergunto das namoradas, porque cada vez é uma. Adora a noite, a boemia. De vez em quando ele desaparece, vai morar com uma nova companheira que ele anuncia ser a mulher da sua vida e que, finalmente, ele encontrou o amor. Só que um amor curtinho... além disso, ele não pára muito em emprego, é meio "nervosinho" e bocudo, e se mete em confusões. As coisas dele são todas enroladas. Algumas vezes temos uns arranca-rabos, e o último não faz muito tempo.

— Belo currículo – respondeu Marília –, verdadeiramente incentivador!

— Eu estou lhe contando isso porque ele parece que gostou de você. É a primeira vez que ele é tão direto em relação a uma amiga minha. Se você quiser dar umas voltas, se divertir, ele é ótimo. Acho que faria bem para você. Eu já avisei com todas as letras que você é minha amiga querida, e que ele não invente moda, nem faça "gracinhas", que eu acabo com ele.

— Credo, parece que ele me pediu em casamento! Eu o achei divertido e só – disse ela sem grande entusiasmo.

— Mas eu conheço bem o irmão que tenho!

III

O almoço foi ótimo, todos estavam descontraídos. Dinho foi muito gentil e delicado com Marília. Na hora de ir embora pediu o telefone dela e perguntou se poderia ligar. Ao chegar em casa, ficou pensando no que Elisa tinha falado do irmão. Não batia com o sujeito simpático, educado, que, sem sombra de dúvida, demonstrou interesse por ela, mas de uma forma gostosa, sem "cair matando" e muito menos o porra-louca que ela descreveu. Não sei, pensou ela, parece que há uma rivalidade velada entre eles, talvez essa implicância venha daí, pensou, coisas mais antigas. Dinho era um homem interessante, envolvente, embora não fosse bonito, nem muito alto e já com uns quilinhos a mais.

Marília esperou a semana toda o telefonema dele, que não veio. Ficou meio frustrada, teve vontade de sair com ele, mas não comentou com Elisa. Fez de conta que não estava nem aí. Foi Elisa quem perguntou diversas vezes se o irmão tinha dado sinal de vida. Esse é o Dinho, esse é o Dinho, concluía ela.

No sábado à tarde, Marília estava corrigindo provas de seus alunos e fechando as médias bimestrais. Sentiu-se só, lembrou-se de Jorge, e foi ficando triste. Inesperadamente, tocou a campainha. Pensou que fosse Elisa, que por algum motivo não tivesse entrado pela passagem nada secreta delas. Era Dinho. Ficou muito espantada e foi logo dizendo:

— Dinho, a Elisa e o Felipe foram a uma festa com as crianças.

Ele olhou para ela com um jeito muito sério:

— Eu não vim visitar a Elisa, nem meus sobrinhos. Eu vim aqui ver você. Posso entrar?

Marília ficou completamente desarmada, sentiu-se uma idiota. Para piorar, lembrou-se que estava com uma camiseta e um short velhíssimos, realmente horríveis. Quis morrer de vergonha. Como demorou a responder, Dinho falou sério:

— Talvez seja melhor eu ficar na outra porta esperando minha irmã, pois acho que você não quer me receber! Como eu não sei se eles vão demorar, você tem um jornal para eu ficar lendo?

Ela percebeu o ridículo da cena e abriu a porta para ele entrar, já dando risada.

— Dinho, me desculpe, mas eu estava aqui, corrigindo provas, com essa roupa velha e...

— Estou decepcionado, pensei que você ficasse em casa maquiada, com os cabelos e cara de mulheres em comercial de xampu! Tudo bem, gatinha?

— Tudo... disse ela, ainda meio desconcertada. — Dá um tempo que eu vou trocar de roupa.

— Pára com isso, você está na sua casa e está uma gracinha. Eu resolvi vir aqui convidá-la para sair comigo. Sei que hoje é sábado, e eu devia ter telefonado. Mas, me deu vontade de ver você. Fiquei com medo que você me dispensasse por telefone.

— Sair, agora?

— Você é quem sabe. Eu preferiria sair à noite. Além disso, você está trabalhando, não está?

— É, eu tenho de terminar a correção e fechar as médias. É um trabalho cansativo e que não rende. Se não fizer isso, segunda-feira me comem a alma no colégio.

— Traduzindo: você não vai poder sair comigo, é isso?

— Não, claro que não! – respondeu rapidamente. — À noite tudo bem, pois já terei deixado tudo isso muito adiantado.

Ele sorriu contente.

— Bom, acho que vou dar uma volta no quarteirão. Uma não, umas cem, até chegar a hora de sairmos – disse ele muito compenetrado.

— Dinho, você é terrível, mas se você quiser ficar aqui comigo, vou gostar muito e...

— Já aceitei, interrompeu ele. Aliás, quem sabe posso ajudar e assim esse seu trabalho termina mais rápido? Fazer conta eu sei!

Ela riu: — Não acho que você vá achar muito interessante, mas se quiser, eu aceito de bom grado!

A partir desse dia, eles começaram a se ver com uma freqüência cada vez maior e, não raro, Dinho dormia na casa dela. Elisa não via com bons olhos a aproximação tão rápida do irmão. Preocupava-se com a amiga, principalmente por perceber que Marília estava se envolvendo. Achava-a frágil e conhecia o repertório do irmão.

IV

Marília continuava dando aulas, seu círculo de amizades era pequeno. Elisa era a sua amiga. As colegas da escola eram apenas companheiras de trabalho. Estava gostando de ter Dinho por perto. Em relação ao trabalho dele, suas explicações eram sempre meio enroladas: estava fazendo um negócio com uns amigos, intermediando, mas nunca era muito claro. Dinho tinha tido uma marcenaria, era bom nisso, e gostava de trabalhar a madeira, de transformá-la em móveis, mesas, cadeiras, criar. Mas, segundo ele, desentendeu-se com o sócio, que acabou lhe passando a perna. Quando Marília comentou essa história com Elisa, ela fez uma cara que denunciava sua dúvida.

— Marília, eu já lhe disse que o Dinho é muito inconstante e enrolado. A história parece que não é bem essa... ele também faz os rolos dele.

Marília olhou para a amiga com desconfiança. Ele não era um pilantra, isso não!

À medida que o relacionamento se intensificava, Elisa falava por alto, dava dicas, mas sem ser muito direta. Num belo dia, decidiu ter uma conversa séria com a amiga. A reação de Marília não foi das mais amigáveis. Ela chegou a ser ríspida com Elisa:

— Elisa, nós somos muito amigas, mas eu estou conhecendo um lado do seu irmão que talvez você não conheça.

— Marília, de maneira alguma eu quero pôr areia na relação de vocês. Mas presta atenção.

— Falando assim, você está me deixando mal. Primeiro porque não confia no meu discernimento; em segundo, está sendo absolutamente radical, querendo que eu tenha a visão que você tem dele, de coisas que já passaram. Elisa, você não está se permitindo aceitar que ele realmente esteja mudando. Nós temos conversado muito sobre isso, ele diz que a nossa convivência tem provocado muitas mudanças nele, feito com que ele veja as coisas diferentes, com mais responsabilidade. Eu sinto isso claramente, ele não é mais o cara que eu conheci, está muito mais maduro. Ele sabe a opinião que você tem dele, e isso o machuca muito. Ele tomou resoluções importantes, mas não queria que você soubesse enquanto elas não se concretizarem.

Elisa olhava incrédula. Marília não podia ter caído assim na dele. Arriscou uma pergunta, tentando ser o mais natural possível, para evitar o sarcasmo.

— Acho que eu mereço a sua confiança. Quero ouvir de você quais são essas atitudes. Quem sabe assim, eu posso acreditar nessa transformação de lagarta em borboleta. Mal acabou de concluir a frase, arrependeu-se. O sarcasmo estava ali, patente.

Marília fingiu não perceber, adorava a amiga, mas queria que ela enxergasse que Dinho estava efetivamente mudado.

— Ele quer vir morar comigo. – Pela cara de espanto de Elisa, completou: — Calma, calma. Ele quer vir morar aqui, ter filhos; enfim, construir uma vida juntos. Descobriu que a vida na noite é vazia, ficar bebendo até tarde, montes de mulheres, mas tudo sem *dia seguinte*. Ele está gostando de ter alguém que cuide dele, divida as coisas, faça planos, que lhe dê segurança, coisa que ele nunca teve e também nunca conseguiu proporcionar a ninguém. Veja Elisa – frisou ela –, ele não quer que eu o sustente, está voltando para a marcenaria. Ele está entrando de sócio numa empresa que faz móveis e também trabalha com decoração de lojas, faz os móveis sob encomenda, além de montar estandes. Um negócio novo que parece...

— Como é que é? Sócio? Com que dinheiro? Sócio de quem? E você diz que ele mudou, falou ela irritada.

Marília respondeu, ríspida:

— Está vendo como você é. Já não dá crédito. – Mudando o tom de voz, continuou: — Foi uma indicação do seu Genaro, o dono da fábrica de móveis. Ele será sócio minoritário, entrando com o trabalho, supervisionando não só os projetos, mas também a execução dos trabalhos.

Elisa sentiu um frio na espinha. Como dizer que já tinha visto propostas maravilhosas como essa, que nunca deram em nada? Elisa até achava que ele estava apaixonado por Marília. Mas, por quanto tempo? Tomara que eu esteja errada, repetia ela para si mesma, tomara que ele tenha se emendado. A Marília é uma boa alma, uma grande amiga e já perdeu um marido. Será que vai conseguir ter outro do jeito que ela quer?

V

Dinho mudou-se para a casa de Marília. Embora muito mais caseiro, não deixava de ir encontrar os amigos, e justificava que tinha chegado tarde porque precisou ficar trabalhando depois do horário; o cliente só podia encontrá-lo depois do expediente etc. Marília reclamava, mas acabava acreditando nele. Para evitar críticas, deixou de contar muitas coisas para Elisa.

Elisa se afastou muito de Marília, a espontaneidade desapareceu, a censura, até então inexistente, ocupou espaços inimagináveis. Quantas coisas que deveriam ser ditas, por mais que doessem, jamais foram mencionadas em nome da pretensa preservação da amizade. O distanciamento se ampliou aí. Elisa e Felipe foram morar num condomínio mais afastado, com uma qualidade de vida infinitamente superior. Marília vibrou por eles, mas a sua solidão aumentou absurdamente, só que ela não se dava conta disso.

Com o passar do tempo, o serviço foi aumentando e o trabalho de Dinho, muitas vezes, tinha de ser feito à noite ou mesmo de madrugada, pois no horário comercial era impossível montar prateleiras, instalar divisórias etc. Marília estrilava, mas ele sempre vinha com um jeitinho especial e dizia que era o trabalho dele. Preferiria ter um trabalho diurno, mas não dava, e que se submetia àquele "sacrifício" por eles.

Marília queria muito um filho. Dinho relutava, já estava com quarenta anos, ter filho seria uma responsabilidade muito grande, inclusive financeira. Mas, tanto ela insistiu que acabou convencendo. Nasceu Fábio. Marília realizou-se; Dinho babava pelo filho. Nos primeiros meses, foi o pai mais presente possível; por mais que fosse malandro, efetivamente muitos dos seus trabalhos eram feitos à noite, estendendo-se pela madrugada.

Porém, a chegada de Fábio obviamente restringiu bastante a vida social do casal. Antes do nascimento, muitas vezes Marília acompanhava Dinho nas suas andanças pela noite. Agora, com quem deixar Fábio? O encantamento da chegada do filho aos poucos foi sendo substituído pela rotina do cotidiano: horários certos de comer, de dormir, a dor de ouvido, o dia frio demais, o resfriado, o dentinho nascendo etc. Durante o dia, Fábio ficava no berçário para Marília poder trabalhar. Além disso, com a chegada do filho, as despesas aumentaram muito. Muitas discussões aconteceram por isso. Marília ficava furiosa por desconfiar que Dinho se escudava no trabalho noturno para ir encontrar os amigos, tomar cerveja no seu bar preferido etc.

— Dinho, não é possível que você tenha tanto trabalho à noite! Você vai é para os bares, encontrar seus amigos, vai saber se não tem mulher nessa história!

— Como você é... eu não quero discutir isso. Não tem cabimento você pensar qualquer coisa nesse sentido – respondeu num tom agressivo.

— É muito engraçado, você, com essa bela desculpa, chega a hora que quer, eu fico com o Fábio o tempo todo e ainda trabalho feito uma maluca. O que restou para mim? Há quanto tempo não saímos só os dois? Quando você está em casa, fica vendo jogo na tevê, ou dorme porque vive cansado. Já perdi a conta da última vez que transamos. Você se lembra? Está tudo uma droga! Eu estou cheia! Cheia!

— Então está bem. Eu saio do emprego e vamos viver do quê? Seu salário não cobre as despesas da casa! Eu não tenho coragem de deixar o nosso filho nas mãos de uma empregada! Já disse isso milhões de vezes.

— Dinho, eu estou falando de você, da sua condição de marido e pai! Eu quero você mais presente, nós precisamos de você aqui. Desse jeito, nossa vida está se estragando, e eu amo você, não quero perder você.

Ele olhou para ela com ternura.

— Marília querida, você e o Fábio são as coisas mais importantes da minha vida. Eu não me imagino longe de vocês. Confesso, vez ou outra vou encontrar os amigos para tomar cerveja. Arrumar trabalho é difícil, a empresa presta serviço, a gente fica à mercê dos clientes. Entenda querida, é uma fase, as coisas vão melhorar, já, já o Fábio cresce. Tenha um pouco mais de paciência...

VI

Os meses passavam, as reclamações de Marília se intensificavam, e o comportamento e o discurso de Dinho permaneciam inalterados. Marília sentia muita falta de Elisa, elas se falavam por telefone, mas quase não se viam mais. Muitas vezes quis procurá-la, mas tinha medo de ser criticada.

Numa determinada semana, Dinho comunicou a Marília que iria viajar a serviço, para um hotel-fazenda, que estava sendo reformado. Ia na quinta e voltava na segunda ou terça-feira. Marília não gostou muito, mas concordou; afinal, a situação não andava lá essas coisas em termos de grana.

Dinho não ligou nem sexta nem sábado. Marília estranhou. Ligou para o tal hotel e disseram que ele não estava no quarto; ligou para o celular, e estava na caixa postal. Que estranho, pensou Marília.

O sábado estava absurdamente chato, e ela sentia-se muito só. De repente, num ímpeto, pegou o telefone e ligou para Elisa.

— Elisa?

— Marília? Tudo bem? Aconteceu alguma coisa?

— Não, está tudo bem. Queria levar o Fábio até aí, faz tempo que eu não vejo o João Pedro e a Lívia. Vocês vão sair?

Elisa percebeu a angústia na voz dela, respondeu carinhosamente:

— Claro que não, venha sim, estou morrendo de saudade do Fábio e de você também. O Dinho também vem?

Marília ficou quieta por um momento, denunciando sua tristeza. Recuperou-se e tentou ser o mais natural possível:

— Ele está viajando, fazendo um trabalho num hotel.

Elisa percebeu na hora o embaraço da amiga.

— Melhor assim, podemos conversar bastante, pois o Felipe foi jogar bola, depois vai à sauna. Vem logo. Pensando melhor, por que você não passa o fim de semana aqui?

Marília respirou aliviada. Elisa era especial:

— Vou sim Elisa, vamos adorar ficar com vocês.

Elisa, ao olhar para a amiga e cunhada, imediatamente percebeu a sua expressão cansada, triste. Acolheu-a como nos velhos tempos. Marília retribuiu com sinceridade, desatando suas amarras, libertando seus medos, pronta para o verdadeiro reencontro.

Conversaram muito. Marília se abriu, não omitiu nada, chorou, lamentou-se. Elisa, por mais que tentasse se controlar, não conseguiu deixar de criticar ou fazer comentários irônicos; em outros momentos era totalmente terna, sentindo a dor da amiga e mostrando-se indignada com o irmão.

— Marília o que você acha de tudo isso? – perguntou, afável.

— Eu não sei. Eu estou sentindo nosso relacionamento desandar. Em alguns momentos ele é o meu Dinho, mas de repente... fica trabalhando até tarde, chega de madrugada; há um tempo atrás, por três fins de semana seguidos ele foi trabalhar. E lógico que ele volta cansado. Outras vezes, eu sei que ele vai para o bar encontrar os amigos. Algumas vezes ele confessa, outras não. Eu estou ficando cansada. Ela baixou o olhar e disse baixinho: — Eu tenho vergonha de falar, mas tem horas que eu desconto no Fábio, tadinho, fico tão impaciente, depois me arrependo amargamente. Elisa, eu não quero perdê-lo. Eu gosto dele – e começou a soluçar.

Elisa olhava-a com pena. Perguntou naturalmente:

— Você já pensou que ele pode estar enrabichado por outra?

Marília pulou na cadeira.

— Nunca! Eu sei que não é mulher. É o trabalho e o jeito dele, boêmio – retrucou ela, convicta.

Elisa muniu-se de paciência e afirmou categórica:

— Você tem razão: é o trabalho, o jeito boêmio como você diz e, com certeza, um rabo de saia! Eu não duvido que ele esteja no tal hotel-fazenda muito bem acompanhado!

VII

A idéia de que ele pudesse ter outra enlouqueceu Marília. Passou a revirar bolsos, olhar talão de cheques, rastrear seu celular, ligando para cada número diferente. Não demorou muito para perceber que havia um certo número que se repetia; procurou na agenda e viu que era de uma tal Yara. Além desse número de telefone fixo, havia mais um outro e um celular. Ligou para o primeiro número: pela mensagem gravada na secretária eletrônica, ela confirmou que era a casa de Yara; o outro era um escritório de arquitetura. Sem pensar, ela perguntou:

— Posso falar com a Yara?

— A Yara não está – respondeu uma voz feminina, provavelmente uma secretária. — Quem gostaria de falar?

Marília bateu o telefone. Estava literalmente em pânico.

Ficou muito tempo sem conseguir pensar em mais nada, só no ódio que estava sentindo daquela mulher. Puta, vagabunda, ordinária, repetia sem parar. Andava pela casa, sem sossego, como se esse vai-e-vem pudessem trazer solução para a sua raiva, a sua impotência, o seu amor próprio ferido. Isso não vai ficar assim, mas não vai mesmo. Uma desclassificada qualquer pensa que pode acabar com tudo? Com tantos anos de convivência? Mas não vai conseguir mesmo. Eu vou lutar pelo meu homem, pelo pai do meu filho, pelo meu marido! Eu juro. Eu acabo com ela!

Dinho ligou dizendo que ia encontrar um cliente, mas que não ia chegar tarde. Marília se controlou e fez de conta que nada estava acontecendo, embora tivesse vontade de explodir. Ao desligar o telefone decidiu: não vou ser burra, vou descobrir tudo, tudinho, vou agir com inteligência. Se eu explodir, o Dinho, *enrolão* como é, vai dar desculpas. Eu tenho certeza de que é um casinho. Eu vou ganhar essa batalha, mas preciso ter calma! Muita calma! Me aguarde, dona Yara!

Não foi difícil descobrir que Yara era uma arquiteta, solteira, dividia o escritório com outro arquiteto e morava sozinha. Ela fez o possível para que Dinho não percebesse que ela sabia de tudo. Ainda não estava claro qual a melhor forma de acabar com essa farra do marido. Não demorou muito tempo e resolveu agir. Ligou para Elisa, contou tudo, mas não deu pistas do que estava armando. Teve vergonha.

VIII

— Quem é? – perguntou uma voz feminina pelo interfone.

— O sr. Osvaldo pediu par eu vir entregar uma coisa para a dona Yara.

— Osvaldo? – perguntou, surpresa. — De onde?

— Perdão, o sr. Dinho. Eu trabalho com ele e moro aqui perto.

— Assim tão cedo? Não são nem oito horas da manhã.

— Eu passei aqui antes de ir para o escritório, é um embrulho grande.

— Estou abrindo a porta.

Marília respirou fundo, teve vontade de sair correndo. Será que teria coragem mesmo de enfrentar a rival? Tenho sim, quero saber quem é, e dizer poucas e boas. É o meu casamento que está em jogo. E subiu resoluta.

Yara abriu a porta. Marília ficou surpresa ao se deparar com uma mulher com seus quarenta anos, de traços bonitos e um jeito muito fino, totalmente diferente daquela que estava imaginando. Ficou desarmada. Yara, por alguns momentos, não entendia o que estava acontecendo. Marília se antecipou e disse com a voz firme, ensaiada mil vezes:

— Eu sou Marília, a esposa de Dinho, seu amante. Eu vim aqui porque preciso conversar com você, quero que saiba que está destruindo o meu casamento.

Yara olhava para ela perplexa. Rapidamente se recompôs e disse calmamente.

— Entre, já que você está aqui. Por favor, entre.

Marília tomou a dianteira e passou a acusar Yara de estar roubando o seu marido, o pai do filho dela. Por que o Dinho? Há tantos homens por aí, por que justamente o marido dela? Surpreendentemente, Yara ficou quieta, o que incomodou Marília e a foi deixando desarmada. Para não perder o pé da situação, disse agressiva:

— Não vai falar nada? Está com medo?

Yara calmamente levantou-se e disse:

— Antes de mais nada, é bom você se acalmar. As coisas não são bem assim. Vou fazer um café.

Marília permaneceu sentada, sem saber o que pensar. Tinha se preparado para um confronto que não houve. Ela não se intimidou, ela está muito segura. Será uma tática para ganhar tempo? Yara voltou com a mesma calma anterior e perguntou:

— Você quer seu café com açúcar ou adoçante?

Marília sentiu um baque, ela não estava fingindo estar calma. Estava calma de verdade.

Yara sentou-se numa poltrona e começou a contar a sua versão. Ela estava admirada com algumas coisas.

— Em primeiro lugar, eu não sabia que o Dinho era casado e tinha filhos. Pode acreditar. Eu o conheci há um ano mais ou menos, num bar. Ele puxou conversa, achei-o simpático. Pediu meu telefone e enquanto eu não saí com ele, não sossegou. Eu tinha terminado um relacionamento e não queria me envolver, estava muito magoada e fui bastante clara nesse aspecto. Ele me ligava quinhentas vezes por dia, mandava flores, aparecia no escritório; enfim, fazia tudo aquilo que um homem faz quando quer conquistar alguém. Ele nunca me disse que era casado, ao contrário, dizia que tinha uma namorada, mas que não representava mais nada. Como ela era professora, estava esperando acabar este ano letivo para voltar para o interior, para morar com a família. Pediu apenas que eu não ligasse na casa dele, pois embora a relação tivesse terminado, foi ele quem pôs o ponto final, contrariando-a, e isso iria machucá-la ainda mais. Eu acreditei, pois ele dormia aqui, saíamos nos fins de semana, fomos viajar mais de uma vez. Há questão de uns três meses, eu terminei tudo. Ele contava umas histórias de trabalho até mais tarde, que eu passei a desconfiar. Quantas vezes ele chegou aqui dizendo estar trabalhando e apareceu cheirando a cerveja? Ainda por cima, ele queria me controlar, e eu não suporto isto: homem metido a machão e ciumento, só no cinema.

Marília olhava incrédula, incapaz de articular uma palavra. Yara continuou:

— Ele ficou no meu pé, jurou que ia mudar, me pediu mais uma chance. Disse tudo aquilo que você quer ouvir e prometeu mundos e fundos. Eu cedi. Mais uma vez, implorou para vir morar comigo, disse estar saindo do apartamento e me perguntou se podia ficar aqui até alugar outro. Que não tinha para onde ir! Como eu disse não, fomos ver diversos apartamentos para alugar. Ele me pediu um dinheiro emprestado, para pagar parte do aluguel do apartamento até o final do ano. Eu não emprestei. Para falar a verdade, eu nunca pensei em morar com ele; prefiro cada um na sua casa. O Dinho é uma boa companhia, um cara com quem eu me dou bem, inclusive sexualmente, se você me permite. O Dinho não é a paixão da minha vida, ele sabe disso. Essa é a minha história com o seu marido. Agora, acho que tenho o direito de saber a sua.

Marília não sabia o que dizer, nem o que pensar. Sentiu-se humilhada, ridícula, uma perfeita idiota. Aquela mulher era muito decente, segura, uma pessoa inteira, íntegra. Sentia uma vergonha enorme.

Yara repetiu, firme:

— Eu acho que tenho o direito de saber da sua história. Pelo visto, nós duas fomos enganadas.

Marília sentiu-se um pouco mais calma e descreveu sua vida com Dinho desde o momento que o conheceu. Emocionou-se, chorou, falou do Fábio, não entendia como ele podia negar a existência do filho! Falou de Elisa, do que ela dizia do irmão, enfim, não omitiu nada.

Yara ouvia calada, mas à medida que Marília ia falando, foi sentindo pena daquela mulher, tão despedaçada. A canalhice dele era infinitamente maior do que se poderia supor. Como ela não percebeu quem era o homem que tinha na cama, com quem dormia e vivia? Ao mesmo tempo, sentiu ódio de Dinho, ela também foi enganada, ele a convenceu, mentiu, omitiu. Que filho da puta! Imagine se eu o tivesse deixado vir morar "temporariamente" aqui. Provavelmente, ele largaria Marília e eu nunca saberia que tinha um filho.

As duas mulheres ficaram em silêncio por um longo tempo, cada uma ruminando a sua própria história e a outra que acabara de saber.

Marília levantou-se e disse:

— Eu vou embora. Por favor, me desculpe. Estou me sentindo péssima, ridícula. Eu preferia que a história tivesse sido diferente, cheguei aqui toda cheia de razão, achando que ia encontrar uma *zinha* qualquer, alguém que...

Marília não conseguiu continuar, desabou no choro, tremia e chorava sem parar. Yara também estava tocada com tudo o que tinha acontecido ali; mais do que isso, estava com ódio e viu na sua frente uma mulher fragilizada, sem rumo.

— Marília, eu imagino como você deve estar se sentindo – disse ela, amigavelmente. — Eu não consegui digerir essa história. Só sei que estou com muita raiva, muita raiva. Olho para você e sinto mais raiva dele. Nós duas fomos enganadas. Ele é um canalha, um amoral, um sem caráter, um filho da puta! Você tem um filho, é muito mais difícil para você. Vou pegar um copo de água com açúcar. Onde está seu filho?

— Na escolinha... – mal conseguiu responder. — Eu vou embora, eu vou embora. Desculpe-me. – disse visivelmente descontrolada.

— Não, não vai não, contestou Yara, firme. Você vai ficar aqui até se acalmar. Assim, você não vai conseguir chegar na esquina.

Nessa hora, sentiu-se solidária na dor e na decepção de Marília. Começou a perguntar da vida dela, de Jorge, do seu trabalho, da sua família longe. Marília foi se acalmando e contando a sua vidinha comum, seus sonhos com Dinho, o filho, o que Fábio representava. O papo foi longe, conversaram durante horas. Almoçou com Yara.

Na hora de ir embora, Marília agradeceu. Yara não resistiu e lhe perguntou:

— O que você vai fazer, Marília, já tem idéia?

— Não sei, está tudo muito confuso. Só sei que ele é um cafajeste. Preciso estar lúcida, mas não o quero mais. Pensei que poderia mudá-lo... – Ficou quieta e arriscou: — E você?

— Eu tenho vontade de jogá-lo aqui da janela, de acabar com ele. Estou com muita raiva, nessas horas, fico cega. Essa nossa história é inacreditável, não é? Eu juro para você, Marília, que ele não vai se sair bem, ao menos, não comigo. Acho que nenhuma de nós duas deve agir precipitadamente. Vamos pensar até amanhã e nos falamos. Somos vítimas e cúmplices nessa canalhice.

Numa estranha coincidência (ou não), tocou o telefone e era Dinho, preocupado porque Yara não tinha ido ao escritório. Yara apontou uma extensão para Marília, para que ela ouvisse a conversa.

— Yara, estou preocupado, você não deu notícias. O que houve?

— Um pequeno imprevisto, já resolvido.

— Nossa, que voz esquisita. Você está diferente.

— Impressão sua. Na realidade, andei pensando muito em nós dois.

— E daí? – perguntou ele, ansioso.

— Surpresa, querido. Mudei de idéia, é o máximo que posso dizer agora. Você vem aqui hoje?

— Meu amor, eu estou sempre à sua disposição. Eu sou todo seu. Querida, eu amo você. Não somos mais crianças, é com você que eu quero ficar. Vou insistir, quero ser seu marido e, se você quiser, de papel passado e tudo.

— Você é terrível – disse ela, irônica. — Vamos conversar, tudo pode mudar! Eu não vou para o escritório, tenho coisas para resolver aqui.

— Então passo aí no final da tarde, lá pelas cinco, ok?

Marília acenou para Yara concordando, o que lhe causou grande surpresa.

— Tá bom, até mais tarde.

Yara desligou o telefone e disse num tom muito sério:

— Marília, essa conversa idiota foi a gota d'água, eu já sei o que vou fazer. Esse é um problema meu. Eu nem preciso dizer que você esteve aqui. Não aja sem pensar, você pode se arrepender.

Marília olhava-a calmamente, plácida, confiante.

— Yara, eu também ouvi a mesma conversa idiota. Não tenho o que pensar, só agir. Você é uma grande mulher e eu não posso deixá-lo me destruir e nem me acabar por causa dele. Ele não presta. Eu quero estar aqui, com você, quando ele chegar. Você já imaginou a cena?

Como combinado, por volta das cinco horas, Dinho chegou. Yara abriu a porta eletrônica e a deixou entreaberta. Ao entrar, não a viu na sala e gritou:

— Amor, onde você está? Estou louco de saudades.

As duas apareceram juntas, saindo do quarto. Yara perguntou calma e sarcástica:

— Está com saudades de qual das duas? Ou das duas? Vamos deixar tudo muito claro "querido". Vamos Dinho, responda. Com qual das duas você quer conversar? Ah, Dinho, logo você que é tão esperto... quem diria?

Marília viu o terror nos olhos dele. Deu uma sonora gargalhada.

O Olhar do Psicólogo...

Qual das duas?

Camila

Atlantic International Private Bank, Camila, *investment adviser*, bom-dia!

— Você não fica cansada de ter de repetir esse monte de palavras?

— Rubens? Só podia ser você!

— E aí, qual a taxa hoje para investimentos acima de 500 mil dólares?

— Depende, ou melhor, não tenho previsão.

— Melhor assim, eu também não tenho 500 mil dólares.

— Fala rapaz, tudo legal?

— Descobri um restaurante aqui perto, você não vai acreditar. Servem um salmão maravilhoso. O dono é chileno, conhece tudo sobre o peixe, vamos almoçar lá?

— Hoje? Não dá, tenho almoço com um cliente, mas amanhã tudo bem.

— Legal. Então deixe marcado na sua agenda: meio-dia e meia, um achado: salmão chileno, divino!

— Ok.

Camila desligou o telefone e pensou: esse Rubens é uma peça, como ele adora comer bem, como ele tem prazer em degustar comidas diferentes, exóticas. Ele descobre cada lugar... É um *gourmet* nato. Fuça cada portinhola e, de repente, encontra uma comida maravilhosa. Ele se daria bem como dono de restaurante. Pensando bem, acho que ele não teria saco para ser dono de restaurante, o negócio dele é outro: negociar e arriscar. Ele ousa muito, arrisca, coisa que aqui no banco não é vista com muita simpatia. Mas ele é um grande financista e estrategista.

Estava completamente absorta, refletindo o quanto ela também gostava de comer bem, de experimentar coisas novas, diferentes e o quanto era difícil achar, mesmo nos bons restaurantes, certas iguarias, quando tocou novamente o telefone e ela repetiu mecanicamente:

— *Atlantic Private Bank*, Camila, *investment adviser*, bom-dia! Olá, como vai? – disse simpática, e deu continuidade ao seu trabalho.

No dia seguinte, exatamente no horário combinado, tocou o telefone. Camila tinha certeza de que era o Rubens. Atendeu e disse:

— Estou descendo, nos encontramos no térreo. Até já.

Pegou sua bolsa, passou um batonzinho e saiu da sala. Ele já estava no saguão, esperando-a.

— Tudo bem, Camila? – disse-lhe de forma muito amigável, dando-lhe um beijo no rosto.

— Trabalhando que nem uma condenada.

— Vamos deixar para falar de trabalho depois, quero que você veja que comida maravilhosa o chileno faz.

Andaram dois quarteirões a pé e ela viu um restaurante pequeno, pelo qual não daria nada.

— Não se impressione com o visual. O cara está precisando dar uma bela "garibada" na fachada, e por dentro também. Mas a comida.... uhm!!!

Assim que entraram, o chileno reconheceu Rubens e foi extremamente simpático.

— Então essa é a sua amiga especialista em salmão, de quem você tanto falou. Vou caprichar, espero não fazer feio. Sentem-se, por favor.

— Rubens, você é inacreditável! Já ficou amigo do homem! Que história é essa de eu ser especialista em salmão? De onde você tirou esta?

Ele ria muito.

— Brinquei com ele, dizendo que traria uma *gourmet* aqui, uma *restaurateur*. Ele ficou todo embevecido. Eu menti? Não! Você conhece muito bem cozinha de restaurantes e sabe distinguir o que é bom do que é delicioso!

Ela também riu e arrematou:

— Você é impossível. Tenho pena de quem tem de argumentar com você... Você com essa cara de pau, e todo mundo acredita.

— Você não sabe, nesse fim de semana fui com a Heloísa num restaurante italiano na represa. Excelente! Sabe quem eu encontrei lá? Aquele *maître* que trabalhava no Ópera. Ele saiu de lá, abriu esse restaurante com um sócio e está indo muito bem. Você se lembra dele, não?

— Lembro, claro que lembro. Mas, o que está acontecendo? Você está superagitado ou é impressão minha?

Ele ficou sério e baixou o tom de voz.

— Você ouviu algum comentário sobre a venda do banco?

— O quê? Venda do banco? Não – respondeu ela, surpresa.

— É, parece que ele está sendo vendido, ou já foi. E acho que essa não é uma boa notícia. Mas, por favor, silêncio absoluto.

— Você tem certeza? Quem lhe disse? – perguntou ela, apreensiva.

— Fontes fidedignas, altas fontes. É, Camila, parece que o banco vai ser incorporado pelo grupo Kandée que já tem um *private*. Eles só querem a carteira de clientes.

— Isso significa que...

— Rua, querida – disse ele irônico, mas visivelmente apreensivo.

— Não pode ser! Eles não fariam isso com todo mundo – disse ela defendendo-se, mas com temor na voz.

— Não se iluda. *Business is business*. Hoje nós somos ótimos, mais você do que eu, é verdade, mas não pense que terão algum tipo de consideração. Você sabe disso. São poucos os que vão sobrar. Eu não devo estar entre eles.

— E eu? – perguntou Camila, ansiosa.

— Não sei. Não sei, mesmo. Mas amiga, prepare o lombo, porque eu acho que aí vem relho!

— Conte tudo, por favor. Não me deixe assim – disse ela, inconformada.

— O que eu sei, já contei. Deve estourar logo. Fique esperta.

— Era o que me faltava! – respondeu ela, irritada.

Nesse momento, o chileno vinha trazendo os pratos, numa clara deferência a Rubens. Só de olhar, dava água na boca!

— Vamos saborear essa autêntica maravilha – disse Rubens. — O sr. Manolo sabe das coisas. Comer preocupada tira o paladar! Esqueça as preocupações e aprecie a alquimia da comida bem-feita!

II

Não demorou muito tempo para a bomba estourar! O banco realmente foi vendido. Houve uma redução significativa de pessoal, ou seja, rua para boa parte dos funcionários. Com toda a cortesia, foram apresentadas as demissões e o serviço de recolocação pago pelo banco, além de uma gorda indenização para os que retornavam à *boa* e *velha* prática de procurar emprego.

Camila estava no programa de recolocação profissional, o que teoricamente aumentava suas chances de voltar ao mercado de trabalho. Além disso, mandou currículo para muitos lugares, fez entrevistas. Porém, não surgiu nada de muito interessante, nem muito promissor. O mercado estava em grande retração. Não ia ser fácil, ou aceitava algo inferior ou...

Camila fez as contas e dava para viver sem grandes arroubos por mais uns oito meses, espremendo os gastos, um ano. Nesse tempo, pensou ela, tem de aparecer algo que valha a pena. Afinal, a minha experiência profissional é legal, um pouco restrita a bancos, é verdade, tenho apenas trinta e dois anos, sou divorciada e sem filhos. Isso conta, embora todos os gerentes de RH neguem esse fato. Ah, se conta! O mercado está uma barra, mas há de melhorar. Pensou em Rubens, como será que ele anda? Nunca mais nos falamos. Para ele é mais complicado arrumar outro emprego no mesmo nível, ele ganhava bem, e tinha um cargo alto. Além disso, ele "já" está com seus quarenta anos e é considerado "velho". Que crueldade! Deve ser horrível saber que as chances são mínimas de encontrar uma colocação legal. Mas ele deve ter levantado uma boa grana, não tem filhos, a mulher trabalha, e ele é o tipo do cara que se vira.

Recostou-se no sofá. Perder o emprego envolvia coisas difíceis para quem estava acostumada a não ficar em casa nunca. A sua casa, que era o refúgio das noites, agora passou a ser o local onde ela permanecia as vinte e quatro horas do dia. Que engraçado, pensou, nunca me preparei para o ócio, ele me cansa! O que fazer para preencher o tempo sem gastar grana à toa?

Estava se sentindo entediada e resolveu ligar para os ex-colegas, saber como andavam as coisas, quem tinha boas notícias, enfim, conectar-se com o seu antigo mundo. Entre os telefonemas que deu, um foi para Rubens.

— Rubens? É a Camila.

— Camila, que bom ouvi-la... como você anda?

— Indo, e você?

— Pelo que você pode perceber, em casa! Me revelei nas tarefas do lar! Sou imbatível, estou obcecado por pó! Para você ter uma idéia, acordo e vou para cama com um espanador! Sim, senhora! Não há poeirinha que me escape! Além disso, estou dando consultoria sobre as diferenças entre os vários tipos de detergentes, sapólios e até amaciantes!

Ela ria do outro lado da linha.

— E na cozinha, também se revelou? – perguntou ela, embarcando na gozação dele.

— Você sabe que não. Eu gosto de comer *o que os outros fazem*! Sempre falei que sou uma negação na cozinha! E não pretendo mudar!

Mudando o tom, ela perguntou:

— Como anda o programa de recolocação?

— Não anda!

— Como assim?

— Camila, Camilinha, você acha que eu acredito numa palavra daqueles caras? Eles foram muito bem pagos para tentar me recolocar! Eles estão fazendo a parte deles. Mas você e eu sabemos, *no chance*!

— Não é bem assim...

— É sim! É sim! Mas vamos mudar de assunto. Sabe que eu sinto falta das nossas andanças em busca de bons restaurantes? Aliás, podemos retornar a essa deliciosa prática! Quer ir almoçar hoje comigo? Eu só preciso acabar de quarar a roupa... – completou ele rindo. — Posso lhe pedir um favor, ponha roupa de "banco", eu vou de terno, é para que nós possamos parecer respeitáveis sujeitos economicamente inativos! E deu uma sonora gargalhada!

— Por que não? Ah! Roupa de banco, não! E depois, dado o seu padrão de qualidade, lembre-se que estamos desempregados, ou seja, nada de altos restaurantes, certo?

— Nossa, ainda bem que você me lembrou desse detalhe! Vamos ao McDonald's!

— Pára Rubens.

— Está bem, me dá seu endereço completo que eu pego você ao meio-dia em ponto!

Como sempre, ele não atrasou um segundo sequer. Gostou de revê-lo. Nunca havia visto o amigo sem terno. Estava mais magro, talvez um pouco mais envelhecido.

Foram a um dos restaurantes preferidos deles, pequeno e muito acolhedor. Ele contou que não estava muito bem, que estava de baixo astral, sentia o peso da idade, as chances eram poucas. Tinha vontade de abrir um negócio próprio: chega de patrão! Mas não sabia bem o quê.

— Seu prato está bom? – perguntou ele, com ar de certa reprovação.

— Está... mas o molho de tomate está ácido demais!

— O meu também... se fosse feito com tomates holandeses, que são muito mais doces, ficaria perfeito!

— Aliás – disse ela –, você já percebeu que faltam ingredientes de qualidade, mesmo para os mais finos restaurantes? O salmão que encontramos aqui no Brasil é ruim. Não há onde encontrar essas mercadorias ou, quando as encontramos, as quantidades são tão pequenas que o preço é proibitivo. Eu não entendo por que as importadoras não trazem mercadorias de "luxo" para restaurantes e supermercados de ricos e riquíssimos. Nessa cidade...

Ele ouvia com atenção redobrada. Mas a feição dele foi mudando completamente. Ela sentiu-se incomodada, não resistiu e perguntou:

— Que cara é essa?

— Nada, nada! Continue seu raciocínio.

— Ninguém importa produtos para restaurantes de luxo e para a classe AA.

Ele ficou quieto, pensativo. Ela continuou:

— Sabe que eu já pensei muito nisso? Acho que há um nicho inexplorado!

Ele ficou quieto por alguns momentos, reflexivo; de repente, explodiu:

— Claro! Claro! Claro que há! Camila, que grande sacada! Que grande sacada! – dizia ele exultante. — É por aí!

— O quê? – perguntou ela sem alcançar o que ele queria dizer.

— Camila, minha linda, você já pensou que nós poderíamos fazer isso? Camila, você está certíssima: há um nicho inexplorado! Me deu uma idéia, maluca de tudo, mas perfeitamente factível: você não quer pensar na idéia de abrirmos uma empresa para preencher essa lacuna de mercado?

Ele estava eufórico. Camila olhava para ele admirada.

— Você está falando sério?

— Claro que estou! Sua sacada é genial! Conhecemos muitos *maîtres* e donos de restaurantes! Além disso, tenho certeza de que os supermercados de luxo comprariam esse tipo de mercadoria! Até que serviu para alguma coisa os almoços e jantares em busca de boa comida! Uau! Camila, você é genial! Genial!

Ela sentiu-se confusa. Ele estava absolutamente fascinado com a idéia e passou a descrever como poderiam colocá-la em prática. Os dois financistas passaram a fazer contas, entusiasmados. Não, não era delírio de dois desempregados. O negócio era perfeitamente viável. Ele estava tão entusiasmado com a idéia que depois do almoço sugeriu que fossem para a casa dela, para continuarem discutindo sobre a possibilidade de abrirem uma empresa.

III

A discussão de uma tarde inteira frutificou: cerca de dois meses depois, nasceu a *Ágora Importadora e Exportadora*.

Os dois sócios investiram muito na criação da empresa. Trabalhavam na casa dela e planejavam tintim por tintim os passos necessários. Saíram a campo e constataram que efetivamente havia um nicho inexplorado. Para se ter idéia, as três primeiras importações já vieram totalmente vendidas. Os pedidos choviam, os dois visitavam restaurantes e supermercados de luxo, e ficavam mais confiantes com a excelente receptividade que constatavam em cada visita.

Rubens era um negociante nato, era impressionante a sua capacidade de negociar, como também sua capacidade de trabalho. Ele era muito divertido, mas, com certa freqüência, mudava de humor. Ele confidenciou a ela que era ciclotímico, que, sem saber por quê, alguns dias se sentia deprimido; em outros, ficava muito bem. O trabalho era sua fuga, sua ferramenta contra a depressão e o desânimo.

Os dois tornaram-se absolutamente íntimos. Viviam juntos mais ou menos quinze horas por dia. Os resultados desse empenho eram palpáveis: os pedidos cresciam vertiginosamente! A cumplicidade era explícita. Esse trabalho resgatou os dois (embora em dimensões diferentes), deu-lhes novo impulso, novas perspectivas e, de maneira inequívoca, transformou-os num casal.

— Rubens, segundo meus cálculos, nesse mês a Ágora se paga! Nosso investimento zera! Eu estou tão feliz! Em apenas quatro meses estamos tendo o retorno que previmos para o décimo mês!

— Nós formamos uma dupla mais do que dinâmica! Não somos páreo para os babacas do Batman e Robin!

— Rubens, Batman e Robin? Por favor!

Ele tirou os óculos e olhou para ela enternecido.

— Você é fantástica! Fantástica! Incansável. Sabe, você mudou a minha vida. Tem sido muito legal!

Ela sentiu-se desconfortável, não foi capaz de detectar o porquê daquela sensação.

Ele continuou, manso, calmo, absolutamente seguro:

— Você é uma mulher fascinante! Alguém já lhe disse isso?

Ela não conseguia disfarçar o mal-estar.

— Você me constrange – disse ela sem graça. Ela sentiu seu rosto ferver. Não sabia como reagir, sentiu-se indefesa.

— Ah, está bem, agora você resolveu me paquerar! Que lindo! – disse ela absolutamente constrangida.

Ele riu e completou: aliás, você é altamente paquerável... continuou num tom de brincadeira... altamente!

Camila não conseguiu disfarçar o constrangimento e foi buscar um café. Era a única maneira de sair daquela situação.

No final do dia, sentia-se esquisita, não conseguia parar de pensar no que ele lhe dissera. Aliás, não se sentiu à vontade desde o momento em que ele lhe disse tudo aquilo. Resolveu ir embora mais cedo, estava incomodada. Rubens não era um galinha, um dom Juan. Não, não era mesmo. Por que ele tinha dito aquilo? Ela sentia o quanto ele a admirava, mas não passava disso. Mas nunca ele insinuara nada, nada! Era loucura imaginar qualquer coisa.

Camila também achava Rubens um homem interessante. Nós temos intimidade suficiente para dizermos isso um ao outro, pensava.

Ele só foi amigo, só isso, concluiu ela, mas sem se sentir calma com a conclusão a que chegou.

No dia seguinte, ao encontrar Rubens, sentiu algo diferente, um pouco perturbador. Imediatamente lembrou-se da conversa do dia anterior. Sentiu-se acabrunhada e tentou ser o mais natural possível. Ele agia normalmente. Ela sabia que não estava completamente à vontade; porém, os dias foram tão corridos que não deu tempo de prestar atenção em si mesma. Só percebeu que fez de tudo para que não houvesse um momento de intimidade que pudesse deixar transparecer sua inquietação.

Resolveu ligar para Arnaldo, um grande amigo dos tempos da faculdade, que acompanhou de perto sua separação e lhe deu muita força naquele momento. Arnaldo já passara dos trinta e era um solteiro convicto.

— Arnaldo? Tudo bem? Como está sua agenda hoje? Quantas você terá de dispensar para ir ao cinema comigo?

— Camila... por você, amor... não dispenso ninguém! Mas, para sua sorte, ando totalmente jogado às baratas, sozinho, desvalido! E deu uma sonora gargalhada.

— Quer ir ao cinema? Estou precisando espairecer. – Disse isso e, sem se dar conta, olhou para Rubens, tentando decifrar se ele estava prestando atenção na conversa. Ficou meio decepcionada, pois ele não parecia muito interessado no que ela dizia ao telefone. — Tá legal, a gente se encontra às sete horas. Beijo.

Ela foi encontrar Arnaldo direto do escritório; estava agitada. Conforme combinado, foram ao cinema e depois foram jantar. Ele logo a sentiu diferente e perguntou o que ela tinha, pois estava distante, parecendo preocupada.

— Não é nada não – respondeu ela, — só estou encucada com uma coisa, bobagem.

— Conheço esse seu jeito, Camila. O que está havendo? Problemas na Ágora?

— Não, pelo contrário, a Ágora vai muito bem – completou, reticente.

— Então, do que se trata? – insistiu ele. — Problemas cardíacos? completou ele, irônico.

— Engraçadinho... – respondeu ela com a voz angustiada, não entrando no tom de brincadeira dele.

— Pelo jeito pinta um *iceberg* gelado no seu *front* – completou, tentando fazê-la relaxar. Sou todo ouvidos – disse num tom amistoso, percebendo que a amiga realmente não estava bem.

Ela demorou a responder, e mantinha os olhos fixos no guardanapo que enrolava e dobrava seguidamente.

— Arnaldo, eu não sei bem o que estou sentindo, tenho até medo de tomar consciência do que realmente está acontecendo comigo, com a minha cabeça...

Paixão, pensou ele, e das "brabas", mas não ousou falar o que lhe ocorreu.

Ela contou o que tinha acontecido com detalhes e como estava perturbada, sem conseguir tirá-lo da cabeça; conhecia Rubens há tempos, mas alguma coisa mudou, era como se algo dentro dela tivesse sido despertado.

— Você sente tesão por ele? – perguntou Arnaldo, interrompendo a amiga.

Ela baixou o olhar, como se tivesse vergonha de admitir para si mesma e disse baixinho:

— Um puta de um!

Ele riu, mas acolheu-a, sabia da fragilidade da amiga naquele momento.

— Qual o problema, Camila? Você parece estar efetivamente apaixonada!

Ela alterou o tom de voz, demonstrando irritação, muito mais por ele ter desvendado tão facilmente aquilo que ela não queria admitir, do que pela franqueza do amigo.

— Não estou nada – disse ela, ríspida. — O Rubens é meu sócio, passamos o dia inteiro juntos, ele é casado. Está bom ou quer mais? E, além disso, eu é que estou nessa piração, acho que ele não tem idéia do que está se passando comigo, do que sinto, e não sente absolutamente nada por mim, além de uma amizade e grande admiração profissional!

— Ah, essa não! – disse ele com profunda indignação. — Mas não mesmo! Você acha que ele falou isso para você como seu irmão mais velho? Dá um tempo, não se faça de tolinha!

— Arnaldo! Óbvio que não! Ele falou por falar, apenas para me fazer um elogio.

— Eu não acredito no que ouço! Logo você, tão esperta, que me dá lições sobre atitudes femininas e masculinas, quando eu me entusiasmo por alguém! Camila, ele também está atraído por você, pode ter certeza disso.

— Acho que não – insistiu ela...

— Está sim... vai por mim. Ninguém fica dizendo que o outro é fantástico à toa. Veja só: nós nos conhecemos há mais de dez anos, eu posso falar que você é muito legal, mas, nessa hora, você vai reconhecer a diferença no tom com que eu falo e no tom dele. Homem nenhum fica elogiando mulheres porque as acha legais! Quando o faz, vocês mulheres sabem muito bem distinguir a intenção que está por trás. Nós temos muita intimidade, você sabe de coisas da minha vida que ninguém mais sabe, mas tenho certeza de que nunca passou pela sua cabeça que eu estivesse interessado por você, como também sequer cogitei qualquer interesse de sua parte. A sintonia é outra, os acordes são outros, não há como confundir. Nem minhas sobrinhas adolescentes se deixam enganar. Você não é boba... Está claro que há um jogo de sedução que deixou de ser velado e você está com medo de dizer que está gostando...

Ela ficou calada, pensativa e, de repente, virou-se para ele e disse:

— Eu não posso! Eu não posso! – dizia ela repetidamente, como se assim fosse se convencer do que dizia.

— Camila, você até pode se convencer disso e resolver pular fora. Mas não é questão de razão, de uma equação matemática como nas finanças que você domina tão bem. Emoção e sentimentos traem a nós mesmos, nos pregam peças, nos desestruturam, nos deixam inseguros, com medo, não há domínio, não há como segurar o que a gente sente. Você está insegura, com medo, acho muito razoável, o seu lado racional, que é muito forte, propõe um jeito com o qual você concorda, mas na *hora h*, ele é desconsiderado, fica em segundo plano. Aí, Camila, a gente pira mesmo. É difícil, mas quando vem essa avalanche de emoções, de tesão, é difícil manter a guarda.

— Mas eu não posso! Não posso! – disse com a voz trêmula. Nós somos sócios, ele é casado, imagina se realmente pinta um lance, como vai ser? Para ele uma aventura, e depois? Vamos continuar nos dando tão bem? Eu na dele e encontrando a Heloísa em aniversários, no escritório, vendo os dois juntos. Já pensou no clima que vai ficar, ninguém consegue separar tanto as coisas... Não vou pôr a Ágora em risco! Ah, não vou não!

— Você é engraçada, não aconteceu nada e você já terminou o lance! Que medo! Pára com isso!

Ela olhou para ele, surpresa, mas seu olhar pedia socorro. Ele aquiesceu.

— Olha aqui, eu a conheço bem, você vai lutar muito contra essa atração que está pintando, mas acho que será uma luta inglória.

— E o que eu faço? – perguntou ela, aflita. — Sinto-me como uma adolescente...

— Ah, não sei, não sei mesmo. Não sou muito bom em dar palpites do que você deve fazer. Você sabe, eu sempre ponho os pés pelas mãos! Acho que você deve deixar rolar, para ver no que vai dar. Não acho tão dramático quanto você diz, ele também está a fim de você.

— Ai, Arnaldo... – disse ela, recostando o rosto no ombro dele.

— Não adianta sofrer desse jeito, você já está envolvida, aceite isso. O que você vai fazer é outra história. Sabe que eu estou gostando de ver esse seu lado? No fundo, acho que também queria estar vivendo uma coisa assim, de perder a cabeça... Agora, vamos pedir a conta? Amanhã vou para o Rio de Janeiro, pego a ponte das seis e meia.

IV

Camila tinha decidido não alimentar o que estava sentindo. Melhor assim, repetia incessantemente para si mesma. Porém, o convívio, a proximidade e a intimidade venciam suas convicções alcançadas com tanto esforço. O comportamento de Rubens era um pouco ambíguo, o que a exasperava. Por vezes, tinha certeza de que ele estava envolvido, outras vezes, como dizia ela, sentia que ele puxava o freio de mão e a deixava insegura, reforçando a certeza de que ela deveria cortar de vez, desencanar. Mas, não deu! Por mais que ela negasse, considerando todos os contras, queria aquele homem. Ah, como queria! O pior era fingir que nada acontecia; cada vez que ele se "afastava", sentia como uma vitória, respirava aliviada pois acreditava que iria conseguir manter o distanciamento a que tinha se proposto. Por vezes, até conseguia vê-lo de longe, como ela mesma dizia, sem grandes emoções e fantasias. Mas esses períodos de "calmaria" não duravam muito.

Durante alguns dias, Rubens esteve excepcionalmente calado, reticente. Camila estranhou e perguntou o que estava havendo. Ele disse que não era nada, ela sabia que, por vezes, ele ficava depressivo, porém ela nunca o viu tão cabisbaixo, desanimado. Ela insistiu. Ele respondeu pausadamente, de forma cadenciada, num lamento, que a sua realidade não era do jeito que ele gostaria que fosse, que muitas vezes ele tinha vontade de jogar tudo para o alto. Às vezes, completou, você se questiona e vê que a sua vida poderia estar melhor, que há chances de você ser mais feliz. Só que as coisas não são tão simples de serem resolvidas... ou a gente não as torna simples. Ela olhava para ele, compreensiva, via dor na sua fala, desesperança. Sentiu uma vontade doida de perguntar se ele estava falando de Heloísa e dela. Segurou-se. Para evitar arroubos, levantou-se de sua mesa e foi buscar um café para os dois. Ao voltar, ele olhou-a agradecido, de uma maneira muito terna, cúmplice.

— Obrigado, Camila. Você é uma pessoa especial – e olhou-a com carinho, mas com o olhar triste, distante. Admiro sua força, sua garra, sua coragem... você está sempre bem, olha as coisas com um saudável distanciamento. Você sabe o que quer e contagia quem está ao seu lado...

Ela estava encostada na mesa dele e o olhava fixamente. As palavras pronunciadas se confundiam, pareciam vir de muito longe, chegando até ela apenas alguns sons que faziam sentido. A atração que sentia era muito maior que a sua capacidade de dominar a situação. Ele estava ali, na sua frente.

De repente, ele parou de falar pois percebeu que Camila o encarava.

— O que foi? – perguntou surpreso.

Ela não respondeu; apenas, com a leveza dos passos de um balé, foi se aproximando, vagarosamente, seu rosto roçou na barba dele e procurou seus lábios. Beijou-o, com um cuidado especial, como se estivesse avisando que estava chegando, plena, cheia de tesão, absolutamente apaixonada. Ele correspondeu com a mesma delicadeza, suave, leve, aceitando-a e se ofertando. O encontro se deu. Um momento obviamente já vivido na fantasia dos dois, agora concretizado. Ela sentou-se no colo dele e aí se aconchegou. Os braços largos dele a trouxeram para junto do seu corpo, que estavam com a respiração alterada. Ficaram assim por um longo tempo, sem dizer uma palavra. Não havia a menor necessidade, pois cada um sabia o que o outro sentia. A comunhão de corpo e alma se materializava, ao mesmo tempo plácida e ardente.

V

O dia tinha sido horrível, cinza, chuvoso e muito frio, daqueles que nos deixa introspectivos, melancólicos. Camila estava impaciente no escritório, esperando o telefonema de Rubens que tinha ido para a Holanda, numa feira de alimentos. Aproveitou para ir a Baden-Baden, cidadezinha alemã na fronteira com a França, rever parentes que lá moravam. Por que será que ele ainda não ligou? Já são quase nove horas e eu vou congelar aqui; estou doida para ir para casa, tomar um banho e ir para a cama quentinha, pensava ela. Mexeu em algumas faturas, mas sem se concentrar. Ele disse que ia ligar aqui... Bom, não adianta ficar, vou embora.

No caminho ficou pensando em Rubens, na falta que ele fazia. Era a primeira vez, nos dois anos em que estavam juntos, que ele ficava tanto tempo longe: quase um mês. O pior é que não podia ligar para ele, pois estava hospedado na casa de primos.

Chegou em casa e foi direto para a secretária eletrônica, mas não havia recados. Ficou decepcionada. Jogou-se na cama, com roupa e tudo, prostrada. Pensava em Rubens, uma tristeza profunda se apossou dela.

Chorou por muito tempo, baixinho, com o coração doído. Sentia um misto de ansiedade e raiva. Com certa comiseração, revia a relação deles. Era impossível negar que ela era a outra, embora ele passasse a maior parte do tempo ao seu lado. Mesmo nos fins de semana, dava um jeito de ir vê-la, ou de saírem juntos. Dizia que precisava conhecer um restaurante novo, era obrigado a aceitar um convite de um *maître*, entre mil outras desculpas. Sem dúvida, eles eram absolutamente companheiros, amigos e também sócios. Suas vidas eram compartilhadas. Só a "questão" Heloísa nunca era tratada. Ele se recusava a falar dela, do seu relacionamento, do seu casamento. Esse é um problema meu, disparava ele, cortando o assunto.

Aparentemente, Heloísa fingia não perceber nada, ela tinha um bom círculo de amigos e uma vida social relativamente independente. Rubens desempenhava o papel de marido, acompanhava-a nas festas familiares, em reuniões sociais, jantares, almoçava aos domingos na casa da sogra etc. Essa postura dele a incomodou muito no começo do relacionamento. Com o passar do tempo, foi se acostumando. Por vezes, tinha a nítida impressão de que ele iria se separar, de que ela era a opção de vida dele. Por que ele não consegue se decidir? Por que ele se nega a mostrar-me o "outro lado"? Não conseguia achar resposta e, naquele momento, isso a entristecia ainda mais, provocando mais lágrimas.

Adormeceu embalada em sua tristeza, na sua solidão, na aridez de ser a outra.

De madrugada acordou com o telefone estridente. Era Rubens, tinha ido a uma festa numa cidadezinha próxima. Ela se transformou. Desligou o telefone e as últimas frases dele lhe deram uma sensação de reconforto, de reconciliação consigo mesma: Camila, estou com saudades, penso em você em cada minuto, em cada segundo, você faz parte de mim. Amo muito você. Durma bem, meu amor. Não esqueça de mim.

VI

Rubens voltou da Europa animadíssimo: fechou negócios importantes com exportadores holandeses e italianos.

— Camila, foi ótimo! Pena que você não estava comigo! Da próxima vez, vamos juntos!

Antes que ela respondesse, ele completou:

— Camila, precisamos comemorar o fechamento da importação. Vamos passar o fim de semana no Rio de Janeiro, no Copacabana Palace?

— Como? Nós dois no Rio de Janeiro? – perguntou ela, espantada.

— Sim senhora. Eu, você e mais ninguém!

— Você está brincando – retrucou, incrédula.

— Não estou não. Nós vamos neste fim de semana. Pode pedir as passagens e reservar o hotel. Nós merecemos.

Camila olhava para ele sem entender nada. Respirou fundo e perguntou:

— E a Heloísa?

Ele fitou-a longamente e disse categórico:

— Esse é um problema meu. Eu resolvo. Eu não estou brincando, nós vamos passar o final de semana no Rio de Janeiro! Bom, agora vamos trabalhar para podermos nos dar esse luxo, beijou-a com carinho e murmurou diversas vezes: adoro você, sabia?

Camila custava a acreditar no que ouvia, mas estava muito feliz.

A viagem para o Rio de Janeiro foi perfeita, em um clima de lua-de-mel, com muito carinho, muito sexo, sol, piscina, passeio na beira da praia de mãos dadas, um lindo entardecer etc. Camila se perguntava o que ele teria dito para Heloísa, mas ele não queria de maneira alguma tocar no assunto. Porém, aquilo a estava intrigando demais, e ela decidiu saber o que estava acontecendo.

Domingo, no final da tarde, estavam deitados na cama, com aquela preguiça gostosa, quando não agüentou e o pressionou para que ele se abrisse. Ele enrolou, enrolou, mas não deixou nada claro. Ela foi se irritando e exigiu que ele contasse o porquê de tanta liberdade, essa "solteirice" inesperada. Rubens não teve como fugir.

— Eu inventei que ia acompanhar um pessoal que veio da Holanda. Ela não encrespou porque é aniversário do meu sogro que está doente e, por isso, jamais viria comigo.

De repente ele ficou sério, levantou-se da cama, foi até a janela e ficou lá por alguns momentos, calado. Virou-se para ela e continuou, muito circunspecto:

— Na verdade, eu decidi me separar, eu quero ficar ao seu lado, não quero mais viver com você pela metade. Você é a minha mulher, quem eu quero. Já tivemos uma conversa, a reação dela foi melhor do que eu imaginava, mas eu não sei se será tão *light* quanto pareceu. Eu ia contar pra você, mas queria que a coisa estivesse mais amadurecida; como eu sempre disse, esse é um problema meu, não quero envolver você nisso.

Os olhos dela se encheram de lágrimas, que escorriam sem parar pelo seu rosto.

— Camila, não fique brava, você sabe como eu sou. Não se trata de desconsideração; eu não queria que você de alguma forma se sentisse responsável. Decidi e queria chegar livre para você e dizer: meu amor, sou um homem separado que quer muito ficar ao seu lado, você me quer?

Ela não precisou responder, os dois se abraçaram e choraram muito.

VII

O celular tocou, Camila olhou no visor e não reconheceu o número.

— Camila?

— Arnaldo?

— Camila, estou querendo falar com você há um tempão! Mudei de emprego e viajo mais do que piloto de avião, pois sou gerente geral para a América Latina; fora isso, teve um pepinão no México, tive de ficar lá direto por quatro meses e outra vez por seis meses. Agora conheço as capitais de países que decorei no primário, mas não tinha idéia de onde ficavam! Eu quase não paro por aqui... Não bastasse essa vida de comissário de bordo, perdi a minha agenda de telefones e fiquei incomunicável! Um bocó no mundo, sem saber por onde começar a procurar as pessoas. Depois de um longo esforço, achei na lista telefônica o número do telefone da sua casa, mas atendeu uma mulher altamente mal-humorada, dizendo que não tinha nenhuma Camila e desligou! Tive de ir atrás do telefone da sua mãe, que fez a gentileza de me dar o número de seu celular e o da Ágora.

Ela ria, esse era o Arnaldo!

— Eu mudei – disse ela, rindo.

— É, para onde? Por que não me avisou, sua bandida!

— Eu mudei para outro apartamento.

— Mas onde, criatura? Ah, tem treta nisso. Você não está morando sozinha, acertei?

— Mago Arnaldo, você lê pensamentos! E ria mais ainda!

— Não me diga! Estou me sentindo o marido traído pela amante! Como foi isso?

— Estou morando com o Rubens já há mais de um ano e meio!

— Sua coisa ruim, e nem me avisou!

— Eu liguei para você sim, deixei alguns recados no seu celular, porém você não deu retorno. Estou com saudades de você. Vai jantar lá em casa. O Rubens está no Chile, volta na sexta-feira. Você pode sexta?

— O Rubens, o seu sócio? Aquele que estava tirando você do sério da última vez que nos encontramos?

— Ele mesmo.

— Combinado. Quero conhecer o maridão.

— Anote o endereço.

O vôo de Rubens sofreu um problema e ele ficou retido em Santiago. Telefonou para avisar e estava visivelmente mal-humorado.

— O seu amigo vai jantar aí, não vai?

— Claro que sim – respondeu ela.

— Não seria melhor marcar para outro dia? Assim eu poderia conhecê-lo...

— Eu marco outro jantar – disse ela, sem malícia.

Rubens ficou quieto, e disse ironicamente:

— Vê lá, hein? Um jantar a dois...

— Rubens! – exclamou ela indignada. — Que absurdo! Não estou acreditando no que você está falando. Faça-me o favor.

— Está bem! Não precisa ir me buscar no aeroporto, eu pego um táxi. Beijo. – E desligou o telefone.

Camila ficou possessa. Isso era coisa que se falasse? Tenha dó! Sabia que eu conhecia o Arnaldo há quase quinze anos! Que babaquice! Aliás, que idiotice não querer que eu vá buscá-lo no aeroporto! Vou ligar na companhia aérea e ver a que horas ele chega!

Na hora marcada, Arnaldo chegou. Como era bom reencontrar o velho amigo. Ele logo perguntou por Rubens e ficou um pouco decepcionado por não encontrá-lo. Camila tinha se esmerado no jantar, fazendo um risoto com *funghi secchi* realmente delicioso! Conversaram bastante. Arnaldo, com seu jeito divertido, ia contando suas peripécias, seus amores sempre enrolados e complicados. No momento, jurava ter encontrado a mulher perfeita, uma venezuelana. Mas também havia uma outra mexicana que tinha balançado seu coração pra valer.

— Você não tem vontade de morar junto com alguém? – perguntou ela.

— Tenho e não tenho. Acho muito complicado esse negócio de dividir espaço. Eu sou um grande bagunceiro, não sei se suportaria alguém tentando me organizar. Eu gosto de chegar em casa, ter minhas coisas, escolher o que eu vou fazer, ficar sozinho. Eu me acostumei a isso, pois moro sozinho desde os dezessete anos. Mas, por vezes, sinto falta da intimidade, do compartilhar pequenas coisas, ter alguém que queira construir uma vida em comum, ter filhos. Sei lá. Não penso muito nisso não... E você, como vai a vida de casada?

Camila desviou o olhar, por um momento, seu rosto se contraiu. O que não passou despercebido por Arnaldo.

— Está tudo indo – fez uma pausa e concluiu – bem. Arnaldo percebeu uma ponta de tristeza na voz e fingiu não ter percebido. — A adaptação, por vezes, tem sido um pouco difícil. O Rubens é ótimo, mas nós não só moramos juntos, como também trabalhamos juntos. Isso é um complicador inegável... mas, perfeitamente superável.

— Eu imagino... – disse ele, encorajando a amiga a continuar.

— Ele saiu de um casamento e fomos morar juntos. O dia-a-dia é difícil, sem grande *glamour*, você sabe disso. À medida que ela ia falando, Arnaldo via a dificuldade dela em expor o que realmente estava sentindo. Camila não era mulher de se abrir com qualquer um, preservava demais sua intimidade; aliás, era bastante fechada. Arnaldo sentiu que ela precisava falar, havia muita coisa engasgada, muitos sapos engolidos.

— Camila, eu nunca passei por isso, mas se nos relacionamentos mais estáveis que tive pintou algo parecido, imagino numa vida a dois. Mas o que mais a incomoda? – perguntou ele interessado, dando brecha para a amiga colocar para fora o que a atormentava.

Ela respirou fundo e continuou, estralando os dedos, numa atitude típica de quando estava tensa:

— Eu estava acostumada com o meu espaço e o Rubens, habituado a dividir espaço com uma mulher totalmente diferente de mim. Sabe, eu era a fuga dele, a escapada do cotidiano, das pequenas misérias, o prêmio. Sabe a história da Cinderela? Pois é, nós dois tínhamos medo da meia-noite, de virar abóbora. Agora, somos só nós dois e muitas vezes passa da meia-noite, e não é legal. Rubens é uma pessoa com características depressivas, com grandes oscilações de humor. Algumas vezes eu me irrito profundamente com isso, não agüento ficar paparicando, tendo de agüentar, abrindo mão de um monte de coisas que eu gostaria de estar fazendo, porque ele fica entocado. Se eu o deixo e vou fazer as minhas coisas, ele fica muito puto, diz que eu não o entendo, que eu sabia que ele era ciclotímico. Além disso, ele é por demais caseiro, acomodado mesmo. Por ele, a gente volta do trabalho e não sai mais; eu tenho horror a ficar vendo tevê em casa. Mas ele adora. Eu reclamo que estou me sentindo casada há décadas, nós saíamos tanto...

— Mas isso tem jeito – disse, tentando animar Camila.

— É, ele também reclama de mim, que estou sempre ligada nas coisas do escritório, que eu não tenho parada, que sou até perdulária, estou sempre insatisfeita, querendo viajar, jantar fora, que não sei ouvi-lo, que tudo tem de ser do meu jeito, que eu sou muito fechada, não falo na hora as coisas que me incomodam, vou acumulando e de repente eu estouro... enfim, nada de diferente de outros casais. Mas não pense que está tudo uma droga, não! Temos grandes momentos! Eu sei que essa fase vai passar, a gente se gosta muito.

Arnaldo achou estranha a última colocação. Será que ela está se desculpando ou falando a verdade?

— Tem de passar, né? E a Ágora vai bem?

— Ótima disse ela, embora tenhamos concorrentes, nosso nome está firme no mercado. Rubens é um grande negociante, e eu, modéstia à parte, uma boa administradora. Isso é muito legal!

Ela mudou de assunto e abriu mais uma garrafa de vinho.

— Vamos comemorar o nosso jantar, a sua volta! Arnaldo, eu gosto muito de você, você é um grande amigo, talvez a pessoa com quem eu mais me abra. Senti falta de você, de verdade... Não vamos deixar de nos ver por tanto tempo. Por falar nisso, Rubens quer conhecê-lo, vamos fazer um novo jantar ou marcarmos de sair a semana que vem. Você vai gostar dele!

— Eu também quero conhecê-lo; afinal, tenho de dar a minha chancela. – disse ele, rindo.

No dia seguinte, Camila foi buscá-lo no aeroporto, ele não ligou para avisá-la do horário do vôo. No caminho de volta, ele estava muito quieto, respondendo laconicamente às perguntas que ela fazia. Ela percebeu que ele estava bravo, ficou irritada, mas arriscou:

—Não vai me dizer que essa tromba é por causo do jantar de ontem.

Ele não respondeu. Ela insistiu, mas ele continuou calado. Ela tinha vontade de parar o carro e descer, mas na rodovia era bem difícil. Ficaram mudos o percurso todo.

Ao chegar em casa, ela foi preparar o almoço, com muita raiva da atitude dele. Na hora de servir, chamou-o para sentar-se à mesa. Ele lia uma revista e, sem levantar os olhos, respondeu que estava sem fome, ela que almoçasse sozinha. Foi a gota d'água. Camila ficou tão possessa, tão enfurecida, que jogou a panela do arroz no chão. Ela estava transtornada.

— Eu não acredito no que vejo! Eu não acredito! O que deu em você? Está com saudade do útero da mamãe? Rubens, eu estou falando com você!

— Falando não – disse ele calmamente – está gritando como uma histérica.

Ficou mais brava ainda, tinha vontade de pegá-lo pelo colarinho!

— É você quem está me deixando assim. Você nunca foi de ter ciúmes. Eu não tenho culpa que a porra do avião atrasou!

— Não quero discutir. Só vou dizer que eu achei que você deveria ter cancelado o jantar. Não gostei de você trazer aqui um homem que eu não conheço e, como você mesmo diz, um grande mulherengo.

— Rubens! Rubens! Ele é meu amigo há quinze anos. Quantas vezes eu saí com ele desde que nos conhecemos... – disse ela com a voz trêmula.

— Você disse bem, você saiu com ele e foram a lugares públicos! Não vou discutir. Levantou, jogou a revista longe e bateu a porta. Não sei a que horas volto.

Camila sentou-se no sofá e sentia-se atônita. O que estaria acontecendo, esse não era o Rubens que ela conhecia. Não, ele jamais faria escândalo por ciúmes. Andava muito irritado. Ela não compreendia. O que será, meu Deus? O que estaria havendo com ele? Sentiu um desânimo enorme e uma solidão maior ainda.

VIII

Nos meses seguintes, as coisas não estavam fáceis para Camila e Rubens. Eles tinham discussões freqüentes, no escritório ou em casa. Muitas delas começavam no escritório e continuavam em casa ou vice-versa. Sexualmente, também houve um esfriamento de ambas as partes. A vida a dois estava difícil, mas não beirava o insuportável. Tinham momentos de reconciliação, de grande intimidade, de carinho e de companheirismo. Mas, era patente o desgaste da relação, embora nenhum dos dois quisesse aprofundar esse assunto.

Em outubro do ano seguinte, morreu uma tia de Rubens que morava em Baden-Baden e que deixou duas propriedades para seu pai, seu único irmão vivo, pois não tinha filhos e era viúva. O pai dele já estava com quase 80 anos e a saúde debilitada. Rubens conversou com Camila e viram que daria para ele acompanhar os pais na viagem à Alemanha, já que a Ágora estava indo muito bem. Além disso, ele aproveitaria a oportunidade para procurar novos fornecedores ou, quem sabe, tentar exportar alguns produtos brasileiros. Os dias que antecederam a ida dele foram de grande tranqüilidade e de uma reaproximação do casal.

Camila ficou tranqüila na ausência de Rubens. Eles se falavam todos os dias pois, mesmo longe, ele queria saber tudo o que acontecia na Ágora. Ele mandava e-mails gostosos, contando o que estava acontecendo. Acreditava que teria de ficar fora mais ou menos 45 dias. Perto da data provável de volta, ele disse que os pais dele iriam voltar, pois estava ficando muito frio, mas ele permaneceria por mais um mês, mais ou menos, com uma procuração do pai. Camila reclamou um pouco; afinal, era um tempão, mas aceitou numa boa.

Esse tempo longe de Rubens foi bom para ela, pois pôde refletir sobre a situação dos dois. Realmente, a coisa não estava legal. Pôde fazer uma autocrítica e viu no que ela poderia fazer para retomar o relacionamento. Rubens parecia muito tranqüilo e bem; em nenhum momento ela o sentiu depressivo. Que bom, pensou ela! Acho que nós estávamos precisando dessa pausa, ficar longe um pouco. Engraçado como as coisas acontecem... e para melhor, tenho certeza!

Rubens acabou ficando quase três meses fora. Quando voltou, estava muito bem, tranqüilo, paciente, alegre mesmo, muito diferente do Rubens que foi para a Europa. Em termos de negócios, havia uma boa perspectiva de exportação. Estava animadíssimo. Disse que teria de voltar em abril, numa feira em Milão.

— Dessa vez eu vou também, disse Camila. Há quanto tempo não viajo!

Ele olhou pra ela e, com um jeito maroto muito próprio dele, completou:

— Vamos ver, na época a gente decide.

— Rubens, por falar em viajar, eu tenho de ir para o Rio quinta e sexta-feira que vem, encontrar dois *chefs* que querem fechar compras regulares. Você podia ir comigo e a gente ficava o fim de semana no Copa, como daquela vez que foi inesquecível para nós. O melhor fim de semana da minha vida!

— Quinta e sexta não dá, está difícil tomar o pé de novo, quero também procurar alguns produtores brasileiros. Mas, eu vou sexta à noite e encontro você.

Ela ficou feliz, abraçou-o e disse baixinho: amo você. Ele deu um sorriso.

No tal fim de semana, Rubens só chegou para o almoço, tinha tido um encontro com um produtor goiano que estava na cidade. Camila recebeu-o com festa, e sentiu um distanciamento. Percebendo o jeito dela, disse que estava cansado, tinha tido uma forte dor de cabeça no dia anterior. Estava com medo que fosse sinusite. Melhor não irem à praia ou à piscina. Ele logo foi perguntando se não poderiam jantar no restaurante de um dos *chefs* que ela contatou. Ela disse que sim.

— Então vamos lá à noite. Agora, vamos comer a famosa feijoada do Copa. Será que continua tão boa como era?

No almoço eles tomaram caipirinhas, Rubens falava muito dos negócios, das boas perspectivas. Por que não abriam um escritório no Rio? Era algo para se pensar. Camila sentia-o diferente, formal; talvez fosse o tom com que falava com ela: dirigia-se à sua sócia, e não à sua mulher. Comeram e beberam bastante, o que, obviamente, deu um certo sono.

— Ai, que preguiça, que lombeira boa... Vamos subir e dar uma cochilada?

— Ah, não – respondeu ela! — Vamos dar uma volta na praia ou no Leblon. Não está muito quente e o dia está lindo. Não vim para o Rio para ficar dormindo.

— Sinto muito, não tenho condições! Preciso tirar uma soneca. Mas, vá você.

Camila não respondeu. Sentiu uma certa tristeza. Resolveu acompanhá-lo, embora um tanto contrariada.

Quando ela acordou ele tinha tomado banho e estava vendo tevê, sentado numa poltrona. Ela levantou devagarzinho, passou o braço no seu pescoço e começou a beijá-lo e a mordiscar sua orelha, queria sexo. Ele desvencilhou-se dos braços dela e disse estar com uma forte dor de cabeça.

— Acho que o ar-condicionado me fez mal. Estava esperando você acordar para ir comprar um analgésico. Dói tudo.

Ela ficou sem graça e desapontada. Ele não parecia estar com tanta dor. Voltou para a cama, sem entender direito o que estava acontecendo. Estava nesse torpor quando o viu já vestido, dizendo que ia comprar um remédio, pois não estava agüentando. Ela acenou com a cabeça afirmativamente.

Ficou na cama por mais um tempo. Estava triste. Olhou pela janela e viu aquele mar maravilhoso. Levantou-se e ficou admirando a linda paisagem, como também o quarto antigo, imponente, bem decorado. Essa combinação era perfeita para um clima de romance, para levar ao sexo feito sem pressa, esticando as sensações de prazer até o limite, à exaustão.

Já tinha sido assim... tinha, repetiu ela alto, constatando que talvez nunca mais voltasse a ser. Eu não entendo, não entendo repetia ela. Nesse momento, Rubens chegou e parecia muito bem disposto. Ela fitou-o longamente, desconsolada.

— Camila, você não advinha quem eu encontrei lá embaixo! O Laurent, o *chef* do *Le Corsaire*. Está aí com a mulher e nos chama para um drinque na piscina. Arrume-se logo e vamos. Que coincidência, não?

IX

O Rio de Janeiro foi novamente um marco para Camila, mas dessa vez, negativo. Rubens deu um jeito de passar o sábado e o domingo com Laurent e a mulher. Ela percebeu isso, e na volta, ao interpelá-lo, ele negou totalmente.

Rubens tinha mudado, ele não discutia mais, era gentil, mas distante. Sexo praticamente não existia. Nas poucas vezes que tiveram relações, ela o sentiu como se estivesse cumprindo uma obrigação. Ele estava cada vez mais longe. Tentou conversar muitas vezes, mas ele dava um jeito de fugir. No escritório, ao contrário, estava muito presente. A idéia de abrir uma filial no Rio consumia grande parte do seu tempo, como também a possibilidade de exportação. Ele decidiu adiar a viagem para a Europa para maio, Camila nem tocava no assunto de ir também.

Nesse ano o calor avançou bravo pelo mês de março, um calor abafado, extremamente desagradável. Na quarta-feira da Semana Santa, o ar parecia parado e a temperatura passava dos 33°C. Um horror. Logo depois do almoço, Camila saiu para resolver uns problemas de banco e, ao voltar ao escritório, avisaram-na que Rubens tinha ido para casa, pois não se sentia bem. Ela nem teve tempo de ligar para ele, pois a recepcionista avisou que a ligação era dele.

— O que houve? – disse ela, preocupada.

— Eu não sei, eu não estou muito legal, um pouco zonzo, e uma pressão na cabeça. Estou deitado. Me faz um favor, liga para o dr.

Reginaldo e marca uma consulta com ele, se possível hoje ou amanhã, pois sexta-feira é feriado.

— O dr. Reginaldo é cardiologista!

— Ele também é clínico geral. Eu confio muito nele.

— Está bem, eu marco.

— Eu queria que você fosse comigo, estou com medo de dirigir.

— Eu vou sim, pode deixar.

Camila desligou o telefone muito preocupada. O Rubens não é de ir a médico, aliás é uma luta levá-lo, nunca é nada, passa logo. Ele não deve estar legal. Ligou em seguida e pediu uma consulta. O dr. Reginaldo teve uma emergência e não voltaria mais ao consultório. Marcou a consulta para o dia seguinte, um encaixe no primeiro horário dele. Ligou para Rubens e explicou o que estava acontecendo. Dispôs-se a levá-lo ao pronto-socorro, mas ele não achou que havia necessidade – só de ficar deitado, já estava melhorando.

Camila saiu mais cedo e foi para casa. Ao vê-lo, achou-o muito pálido.

— Como você está?

— A pressão na cabeça é que está me incomodando muito. Tomei um analgésico e melhorou um pouco. Você não esqueceu que hoje é a inauguração do restaurante do Ramirez, esqueceu?

— Não, mas você assim, acho melhor não ir.

— Vai, sim senhora. Eu estou bem. Não há razão pra você não ir. É importante para nós estarmos presentes. Não se preocupe.

Camila relutou, mas acabou aceitando os argumentos de Rubens. Por volta das nove horas, já estava pronta e achou que ele parecia mais pálido.

— Você tem certeza de que está bem?

— Claro! Estou melhor. Só estou com sono.

— Estou levando o celular. Qualquer coisa, me ligue. – E deu-lhe um beijo na testa.

A tal inauguração estava lotada de gente, o jantar foi servido quase à meia-noite. Camila chegou em casa depois de uma hora da manhã. Ao sair do elevador, tomou um susto, a porta estava arrombada e viu na sala de estar um de seus cunhados. Sentiu um frio percorrer-lhe a espinha.

Entrou aflita, olhando-os fixamente e, com a voz sumida, ousou perguntar: o que aconteceu? Viu, nessa hora, que sua irmã e sua mãe estavam no canto da sala, com os olhos inchados de chorar. Ninguém respondeu, ela sentou-se.

— Cadê o Rubens? Cadê o Rubens? Pelo amor de Deus, alguém me responda! Ele está no hospital, não está?

— Camila – disse Alberto, aconteceu o pior... – e começou a chorar. — O Rubens teve um problema, ligou para o Guto e pediu para ele vir até aqui, pois ele não estava legal e achava melhor ir para o hospital. Alberto fez uma pausa; Camila olhou para todos os presentes e entendeu tudo. Sua mãe e irmã se aproximaram para que ela recebesse a trágica notícia. Chorando muito, ele continuou: — Quando chegou aqui, o Guto tocou a campainha diversas vezes, e ele não atendeu. Chamou o zelador e arrombaram a porta. Encontraram-no caído, perto da porta. Ele ainda respirava com muita dificuldade, já estava inconsciente. Não deu tempo de chegar no hospital...

Ela ouvia incrédula. Repetia apenas: ah, não! Ah, não! Ah, não! Ah, não! Não é verdade! Eu saí daqui às nove horas, ele estava bem. Olhou o celular, ele havia deixado recado. Ela não ouviu tocar. Meu Deus, não é verdade! Não pode ser! Não é! Não é! Nãããão!

X

Rubens morreu de aneurisma cerebral congênito. Camila não se conformava com a morte dele, sentia-se culpada, devia tê-lo levado ao pronto-socorro; se eu tivesse ficado em casa, ele teria se salvado; aquela dor de cabeça no Rio já deveria ser um prenúncio, e eu achando que era desculpa dele... Ela entrou numa depressão profunda, num estado geral de prostração. Na missa de um mês, ela tinha perdido mais de dez quilos. Todo mundo estava preocupadíssimo com ela e, para piorar, recusava-se a ir até a Ágora. Guto, o outro irmão de Rubens, estava dando uma mão, mas a presença dela era fundamental para dar continuidade aos negócios. Mais um pouco, as coisas começariam a tomar um rumo perigoso.

De tanto as pessoas falarem, Camila concordou em ir ao consultório de Tereza, uma endocrinologista e prima de Rubens, de quem gostava muito. Conversaram longamente, e Camila aceitou fazer exames e tomar medicação contra depressão. Tereza se propôs a acompanhar o tratamento e indicou um psicólogo para que ela iniciasse uma terapia. Aos poucos, ela foi apresentando pequenas melhoras, voltou a trabalhar, mas a culpa dela parecia aumentar a cada dia. Num dos retornos com Tereza, ela conseguiu se abrir e falou da enorme culpa que sentia:

—Ele morreu por minha causa, pela minha falta de cuidados. Além disso, eu o amava muito, muito. Não me conformo em tê-lo perdido, é um pesadelo.

Contou da dor de cabeça no Rio de Janeiro. À medida que ia contando, via a expressão de Tereza ficar cada vez mais fechada. De repente, a médica a interrompeu bruscamente:

— Camila, eu não sei se tenho o direito ou não, mas acho que eu devo lhe contar uma coisa. Estou vendo um sofrimento absurdo, uma culpa que está consumindo você e a dor pela perda que você considera irreparável.

Camila olhou assustada.

— Do que você está falando?

— Em primeiro lugar, o tipo de aneurisma que ele teve não dá sinais, é congênito. É como uma bolha, um dia explode. A segunda é de uma canalhice de que todos estão procurando poupá-la. Preste atenção, será duro ouvir, pois o que vou lhe contar vai provocar grande sofrimento, mas você tem o direito de saber. O Rubens arrumou uma mulher na Europa, uma parente distante nossa que mora na Estônia. Eles se conheceram em Baden-Baden, onde ela estava hospedada, na casa de uma prima nossa e ele ficou de buscá-la em abril. Não sei por que ele adiou para maio a viagem, provavelmente para ter mais tempo. Ele ia se separar de você; só estava preparando a empresa de vocês, pois não sabia como você ia reagir. Parece que ele ia lhe propor continuar seu sócio e abriria uma filial no Rio de Janeiro. Não sei bem... ele conversou muito com um tio nosso que só revelou essa história depois que ele morreu.

Camila ouvia impávida. Seu rosto contraído não mexia um músculo. Sentiu o chão fugindo dos pés. Não conseguia raciocinar. O Rubens com outra mulher, "importando" uma prima para vir morar com ele no Brasil? Não, esse tipo de história, com reviravoltas inesperadas e absurdas, só acontecem em novelas, ninguém pode acreditar numa história dessas. Ninguém... nem eu!

Levantou-se da cadeira e saiu sem dizer uma palavra. Estava seca por dentro, não conseguia derrubar uma lágrima, sentia-se como estivesse num velório sem corpo. Mais uma vez, teria de enterrar um homem chamado Rubens.

O Olhar do Psicólogo...

O amor de Camila

Cláudia

Cláudia olhou para a mesa, parecia que todas as linhas estavam tocando ao mesmo tempo e que todos da empresa tinham resolvido pedir ligação. O dia estava de amargar. Não estava dando conta, nem sabia mais quantas ligações erradas tinha feito. Estava muito irritada e ficava mais ainda ao ver aquelas luzes piscando sem parar, precisando de sua interferência! Trabalho de merda, pensou ela. Ainda bem que daqui a duas horas eu vou embora. Não tinha terminado o pensamento e viu Geraldo, seu chefe, caminhando em sua direção. Ah, não! adivinhou, pela cara dele vai sobrar para mim!

— Cláudia – disse ele, seco — a Lucilene sofreu uma queda no ônibus, está no hospital e parece que fraturou o braço. Você precisará cobrir o horário dela. Vou colocar alguém aqui para que você tome um lanche. Era o que me faltava! – resmungou ele, visivelmente mal-humorado. — Se ela quebrou o braço mesmo, é acidente de trabalho! Que saco! Parece praga! Virou-se e saiu andando sem esperar resposta.

Cláudia olhou-o com ódio: que homem horrível! Estou exausta e ainda tenho de ficar aqui até as oito e meia. Eu o odeio! Odeio! Odeio, repetia mentalmente, como se ele pudesse captar toda a sua raiva.

Depois das sete horas, as ligações diminuíram muito. Cláudia estava exausta, percebia seus olhos fechando, tal o cansaço. E a maldita mesa não tinha som, apenas luz... se desse uma cochilada, com certeza um dos *bacanas* ia pedir ligação ou haveria alguma chamada e ela não perceberia, e se isso acontecesse... no dia seguinte, podia ter certeza de que o "capataz-mor" viria para cima dela com tudo. Ah, se não viria! Faltava meia hora para ela deixar aquela tortura. Seu estado físico era lastimável. Uma linha tocou e era para um dos diretores, a esposa dele. Passou a ligação normalmente e, para tentar contornar o cansaço, resolveu ouvir o que diziam, sabendo estar violando as regras a que uma telefonista tem de obedecer. A esposa cobrou a presença dele em casa, pois já eram oito horas e as crianças não agüentaram esperá-lo para o jantar.

— Será possível, Aluísio, que você não consegue nunca vir para casa mais cedo para ficar um pouco com os seus filhos? Todos os dias é a mesma coisa, as reuniões fora de hora, o cliente que chegou tarde, o presidente que o chamou. Eu já não sei mais o que falar para eles! O Marcelo já está capotando, se você visse a carinha dele dizendo que ia esperar por você!

— Lucila – respondeu ele irritado –, estou no meio de uma reunião! Estamos terminando, não vou demorar.

— De novo? Eu já ouço essa resposta há quanto tempo? Se você soubesse como me irrita ouvir essa mesma ladainha... Aluísio? Aluísio? Não se ouviu nenhuma resposta. Cretino, bateu o telefone na minha cara! Deixa estar quando ele chegar, ele vai ver! E bateu o telefone.

Cláudia despertou com aquele bate-boca telefônico. Nossa, que mulher chata! Depois reconsiderou: se eu tivesse um marido bonitão desse jeito, eu também ia ficar no pé dele vinte e quatro horas por dia.

Cláudia pegou o ônibus que, naquela hora, com a graça de Deus, não estava lotado. Embora exausta, crescia um sentimento de revolta, de raiva. Eu estou de saco cheio! Não agüento mais o seu Geraldo, ter de obedecer sempre, ser tratada como escrava para ganhar uma miséria! O pior é que eu preciso dessa merreca! Que vida miserável. Olhava pela janela, estava chegando em casa, a paisagem do bairro de classe média baixa lhe pareceu mais feia e sem graça do que nunca.

II

— Cláudia, venha até a minha sala, quero falar com você.

— Agora, sr. Geraldo?

— Agora, agora, é óbvio! – disse ele irônico — Você não vai deixar a mesa sozinha. A Neide está indo aí para ficar em seu lugar.

Cláudia conteve-se e respondeu humilde:

— Sim, senhor.

Ao entrar na sala, percebeu que o mau humor dele era maior do que ela tinha imaginado.

— Quando o azar persegue, é triste! Outro acidente com um funcionário meu! Parece praga de algum invejoso! Acho que é mesmo! – dizia muito irritado, andando de um lado para o outro. — A Lucilene levou um tombaço e fraturou o braço em dois lugares e teve de ser operada. Está de licença não sei por quantos dias. Enquanto não arrumamos uma substituta, você cobre o horário dela.

Cláudia olhou espantada para o chefe, e não se conteve:

— Seu Geraldo, dois turnos são doze horas! É muita coisa!

Ele olhou-a com desprezo e respondeu:

— Você não deixou eu terminar e já fica falando besteira! Eu vou colocar a Neide até o meio-dia e daí você pega. Não vai me dizer que você não agüenta duas horinhas a mais! Lembre-se de que é hora-extra, filha, complementou sarcástico.

Cláudia engoliu seco. Teve certeza de que ele "lia" seus pensamentos e nem se importava com a raiva dela. Ao contrário, sentia certo regozijo ao vê-la irada, mas era obrigada a calar-se.

Ela já estava na porta, quando ele disse num tom alto:

— Você já pega hoje. Faça duas horas de almoço. Cláudia nem olhou para trás, só pensou: como eu odeio esse homem, como eu o odeio!

O período da tarde era mais pesado do que o da manhã. A empresa não era muito grande, mas o trabalho era árduo. Em compensação, depois das seis e meia, ficava uma calmaria que dava sono. Uma noite em que estava particularmente entediada, resolveu ouvir conversas aleatoriamente.

— Celso? Sou eu, querido, já estou em casa.

— Oi, como vai? O dia foi superapertado, um corre-corre danado! Não tive tempo de ligar para você!

— Não me diga que ainda tem gente aí com você!

— Claro! Eu estou fazendo serão, mas quase você não me pega aqui!

— Quem está aí fazendo extra com você?, perguntou levemente irritada.

— Eu já estou de saída, a Márcia vai ficar até mais tarde. Para falar a verdade, é só juntar uns papéis para as homologações de amanhã cedo, conferir alguns deles e eu vou embora. Mais uma meia hora.

— Ah, eu sabia, a sirigaita está aí com você, não é? Ela não dá folga, que inferno! Quer dizer que não podemos conversar!

Ele ria. E ela continuou:

— Não acho graça nenhuma! Eu quero contar umas coisas para você... Não, Jorge, amanhã cedinho eu ligo. Eu preciso conversar com você. Um abraço e até amanhã.

Cláudia reconheceu as vozes. Eram da Júlia da contabilidade e do Celso do departamento pessoal! Gente, pensou ela: não é que os dois estão tendo um caso? Quem diria, não? Ela com aquela carinha de santa, fazendo o gênero bem casada; ele, o apaixonado pela mulher, bom marido. Cláudia não agüentou, deu uma gargalhada. Interessante isso, gostei! Disse para si mesma, muito divertido!

Sabia que ninguém percebia o que ela fazia de errado. E com a certeza da impunidade, passou a fazer escutas diariamente. A maioria das conversas era meio sem graça, mas com o passar dos dias começou a entender algumas, descobriu que um gerente tinha uma amante que ligava todos os dias às sete horas em ponto. A mulher do dr. Aluísio telefonava um monte de vezes por dia; funcionário que falava mal do chefe ou fazia fofoca de outros colegas; fechamento ou andamento de negócios (isto realmente não a interessava). Era divertido, o tempo passava rápido.

Algumas vezes, quando estava saindo, via o dr. Aluísio indo para o estacionamento. Ele sempre era muito gentil, ao contrário da maioria dos diretores. Um dia cruzaram-se.

— Ainda aqui, Cláudia? É tarde. Você mudou o seu horário?

— Não, senhor, a Lucilene está de licença, eu estou cobrindo parte do horário dela.

— É mesmo. Eu tinha esquecido. Comentaram comigo que ela sofreu um acidente. Ela está bem?

— Está. Ela foi operada, pois fraturou o braço em dois lugares. E vai ser operada de novo.

— Coitada. Sobrou pra você. Bom, tenho de ir, até amanhã.

— Até amanhã.

Cláudia foi para o ponto de ônibus pensando no dr. Aluísio. Que homem bonito e legal. Todo mundo comentava que ele era um dos únicos diretores que sempre tratou bem os funcionários. Era verdade, lembrou-se de que ele ia jogar bola na quadra do Esporte Clube, que a empresa alugava todas as terças-feiras para uso dos funcionários.

III

Quando chegava o fim de semana, Cláudia estava exausta. Tinha vontade de não fazer nada, ficar deitada, dormindo. Mas não dava. Sábado, logo cedo, a d. Dalva punha todo mundo fora da cama para ajudar na faxina, fazer feira, lavar quintal etc.

— Anda Cláudia, já passa das oito horas. Levanta.

— Ah, mãe, me deixa dormir um pouco mais. A Valquíria e a Vanda ajudam a senhora hoje, eu faço o almoço.

— Nada disso. Você tem suas obrigações como todo mundo. Eu sei que seu serviço está pesado, mas só Deus sabe como esses seus extras estão ajudando a gente. E foi logo abrindo a janela e levantando as cobertas.

Cláudia, sonada, foi para o banho. Odiava essas obrigações de casa. Depois que o pai ficou desempregado há dois anos, a coisa só piorou.

A metalúrgica onde ele trabalhava faliu. Ele era um contador antigo saiu sem nada e não conseguiu mais recolocação. Nessa época, Cláudia tinha dezessete anos e estava cursando o primeiro ano do secretariado, quando seu Elísio se viu do dia para a noite sem mais nenhuma fonte de renda. D. Dalva não trabalhava, só a Vanda, a irmã mais velha, que trabalhava e estudava. Valquíria e Cláudia estudavam num colégio particular perto de casa. Não demorou muito para que as duas tivessem de abandonar os estudos e arrumar emprego para manterem a família. A diabetes do seu Elísio explodiu. Nos últimos tempos, além da diabetes, o coração dele andava encrencado, tinha pressão alta. Fundo nervoso, dizia o médico, tudo isso é de fundo nervoso! O que estavam gastando com remédios não era brincadeira. A Vanda, que sempre deu uma força legal, parou de ajudar, pois ia se casar no meio do ano. O seu dinheiro tinha outro destino: o enxoval e ajudar a comprar os móveis. Eu tenho de dar um jeito, pensava ela, quero estudar, quero ter grana, não quero ter uma vida miserável como a da minha mãe. E nem como a da Vanda que vai se casar e seu futuro já está determinado:

morar numa casinha aqui perto, logo vai ter filhos, o Pascoal será sempre mecânico do bairro. Eu não quero isso para mim! Não quero um futuro medíocre. Quero sair daqui, ver gente bonita, ir a lugares chiques. Eu vou dar um jeito. Ah, se vou!

No final da tarde, foi até a casa de Judite, sua prima-irmã, com quem andava o tempo todo.

— Oi, tia, a Judite está aí?

— Entre, Cláudia, ela está no quarto. Menina, você emagreceu esses dias! Está abatida. O que houve?

— A senhora sabe, estou trabalhando muito, cobrindo a colega que se acidentou. Estou chegando tarde em casa, chego tão cansada que muitas vezes nem janto.

— Cuidado, você é tão bonita, não vai ficar com cara de doente!

Ao entrar no quarto, viu a prima fazendo as unhas e com cachos de cabelo enrolados, presos por grampos.

— Nossa, que arrumação é essa? Pra que tudo isso?

— Pra não ficar com essa cara que você está. Cláudia, você está horrível!

— Como assim? – perguntou ela, surpresa.

— Seu visual está péssimo, está desleixada. Olha só seu cabelo, ressecado, sem corte, a cara lavada demais. Sei lá, você está descuidada, precisa urgentemente de um trato.

— Eu ando tão cansada, sem pique para nada.

— Dá pra perceber. Você viu o Joel? Ele ligou?

— Que nada! Sumiu o cretino. Eu liguei para ele essa semana e ele ficou de me ligar. Estou esperando até agora! E é óbvio que eu não vou ligar para ele! Esse, pelo visto, já era! E eu fiquei muito a fim dele, muito.

— Então vamos sair hoje à noite. Conhecer gatos novos, esquece esse babaca. Cláudia, você tem um super corpo, os homens ficam babando por você, além disso, você é bonita. Eu não sei por que você encarna nuns *barras de ferro* como o Joel. Eu, se tivesse esse corpo e essa cara, não sobrava um.

— Sabe Judite, eu ando cheia de viver nesse "miserê", nessa pobreza, de andar com uns duros que nem a gente. Eu não quero ir paquerar na praça hoje à noite, ficar vendo esses babacas que só contam papo, e me levam na lanchonete ou na danceteria. Eu quero coisas novas, sair daqui. Conhecer gente legal, com uma cabeça melhor.

— Sim, e daí? Vai para algum bar de gente rica, ver se arruma um *boy*? – perguntou, irônica.

— Não seja boba. Eu estou falando de outra coisa. Eu estou falando da minha vida, do meu futuro. Só tenho dezenove anos e estou vendo que não vou conseguir voltar a estudar. Não quero ser telefonista a vida toda, muito menos vendedora de loja de sapato, como você. Não adianta me olhar com essa cara, é uma merda sentir chulé de madame!

— Não precisa humilhar! – respondeu com indignação. — Eu também não quero ficar nessa vidinha. Olha para a família da gente. Parece que as nossas mães e tias têm a mesma vida das nossas avós e tias-avós. Moram ainda no mesmo bairro, casaram-se, tiveram filhos, não trabalham, vivem a mesma vida sem graça. Nossas primas e primos também estão indo pelo mesmo caminho. Veja a Vanda, dentro de poucos anos estará igualzinha às nossas mães. Só quem se deu bem foi a Aline, que casou com um cara rico; a Deise, embora ninguém comente, tem um namorado misterioso, que está na cara que é casado, e o Pietro, que foi trabalhar na Prefeitura e se arrumou. O resto, minha prima, pode ser que tenha algum futuro. Mas é difícil, você não acha?

Cláudia ficou quieta, maquinando alguma coisa:

— Ju, você paqueraria um cara casado?

— Que conversa é essa? De onde você tirou essa idéia?

— Responda – disse, incisivamente.

— Sei lá. Acho que não é muita encrenca. Por que, pintou algum?

— Sabe o que é, tem um cara lá na firma, que eu acho um tesão, mais ou menos com uns trinta e cinco anos. Ele é diretor e tem grana. Falei poucas vezes com ele, mas quando o encontro na hora da saída, ele sempre me cumprimenta e conversamos um pouquinho. Ele é muito simpático comigo, nunca demonstrou nada, mas não sei, acho que ele me olha de um jeito diferente.

— E é casado! Bela droga! Você está delirando, delirando. Pode até ser que ele tenha uma quedinha por você, mas você acha que ele vai sair com a telefonista? Se sair, vai te comer e um abraço. Você às vezes parece ser completamente burra.

— E se eu paquerá-lo e a gente tiver um rolo? Ele vai me levar nuns lugares legais. Eu não contei pra você, mas como eu fico um tempão no final da tarde com pouco serviço, eu ouço ligações. Ju, estou descobrindo cada coisa... O que tem de gente de rolo dentro e fora da empresa, eu não imaginava. Homem gosta dessas coisas, de um *casinho*. Quem sabe.

— Pára de falar bobagem. Diretor, rico, bonito e casado vai ter um rolo com você? Vai fazer o que para ele notar você? Sentar no colo dele? Você ficou doida de vez.

IV

Cláudia ouviu a prima e concordou que precisava dar um trato no visual. Cortou e pintou o cabelo, maquiava-se discretamente e passou a usar roupas mais justas. Sabia que estava chamando a atenção. Na empresa, a reação e os comentários foram imediatos, todos elogiosos. Comentou com sua prima o que tinha de "gavião" atrás dela. Era bom se sentir assim, gostosa. Mas ela não saía com ninguém. Até o infeliz do seu Geraldo tinha feito umas gracinhas.

Cláudia sempre tentava dar um jeito de encontrar com o dr. Aluísio. Do lugar onde ela ficava, tinha ampla visão do saguão, antes da portaria. Muitas vezes, ao vê-lo apontando no fundo do saguão, saía do seu cantinho e "acidentalmente" o encontrava, como se estivesse voltando do banheiro. Nessa hora, colocava-se o mais sedutora possível.

— Já está indo, dr. Aluísio? O senhor está com cara de quem teve um dia complicado – dizia com uma inocência programada.

— Você nem sabe o quanto...

Outras vezes, ficava esperando-o na rua e na hora em que seu carro apontava, passava em frente e o cumprimentava.

Cláudia estava ficando irritada, pois Lucilene ia voltar da licença e ela não conseguira nada com o seu alvo. Queixou-se com Judite:

— Eu não sei mais o que fazer! Ju, eu quero sair com esse cara. Eu quero muito. Ele me nota, acho que gosta, mas não sai disso. Só falta eu me jogar na frente do carro para ele me atropelar! E o pior é que eu vou voltar para o horário da manhã, aí acabou tudo.

Judite fazia uma escova no cabelo, sem dar muita atenção para o que a prima dizia.

— Olha aqui, se você quer esse cara, você tem de ser mais direta. Chegar junto. Por que você não pede para trocar o turno, ficando à tarde? Você não disse que ele joga bola com o pessoal da empresa num dia da semana? Vai lá, boba, vai assistir, sei lá.

— Judite! – disse, radiante — Menina, que gênio você é! Os funcionários têm desconto na ginástica e sei lá mais o quê. É claro, eu posso ir no mesmo horário do futebol. Muitas vezes eles comem alguma coisa lá...

— Eu faria isso, ao menos não ficava nesse chove e não molha de fingir que foi ao banheiro, ficar que nem tonta esperando-o sair do estacionamento... Você descobriu mais coisas sobre ele?

— Descobri. A mulher dele liga direto. Ele às vezes fica irritado com ela, vira e mexe diz que está ocupado e liga depois. Que eu perceba, ele dificilmente retorna. Eu vejo quando o ramal dele está ocupado e entro. Ela não dá folga e nunca são assuntos sérios. Ele tem dois filhos, um com seis e outro com quatro anos. Ela não trabalha, faz um curso não sei do quê, e é bem dondoca. Ah, a família dela não é daqui, ela diz que odeia São Paulo. Não acho que ele seja apaixonado por ela, não.

— E aquela mulher que ligava para ele, a tal que você achava que era caso dele?

— Não era caso não, ela estava dando em cima pra caramba. Ele saiu com ela umas duas vezes, ela ainda ligou mais umas vezes. Agora sumiu. Tem uma outra que telefona de vez em quando, eles foram namorados. O pior é a gerente do banco... essa fica toda dengosa, se oferecendo, dá mais do que diretas. Eu a conheço, ela é horrorosa. Disse que outro dia sonhou com ele, que eles estavam numa cervejaria, depois do trabalho. Ridícula. Ele finge que não é com ele.

— Você ouve todas as ligações dele? – perguntou Judite, espantada.

— Sempre que dá. Às vezes me dá raiva, pois não consigo voltar para a ligação e continuar ouvindo; perco a conversa.

— Não é perigoso? Cláudia, se descobrem...

— Vão descobrir como? Eu fico ali sozinha. Toda telefonista faz isso.

V

Cláudia decidiu que ia se aproximar dele. Em primeiro lugar pediu para trocar o turno com Lucilene. A colega topou, mas o seu Geraldo não gostou nem um pouquinho.

— Que história é essa? – perguntou ele com seu tradicional mau humor. — A troco de que vocês querem mudar o horário?

Cláudia sentiu um frio subir pela espinha. E se ele não autorizasse? Tudo estaria perdido! Ah, não! Ah, você não pode fazer isso comigo. Vendo que ele não queria ceder, ela disparou:

— Seu Geraldo eu vou voltar a estudar, vou fazer o curso técnico em contabilidade – mentiu. — A escola é no centro e só há vagas no período da manhã. Por favor, se eu não mudar o turno não posso freqüentar a escola – insistiu ela num tom de súplica.

— Por que você não falou logo? – respondeu ele amenizando a conversa. — Se for para estudar, eu não me oponho.

Abriu a gaveta, pegou um formulário e preencheu-o. A cara dela descontraiu-se. Ufa! Até que enfim! Regozijou-se. Havia vencido o primeiro *round*!

Comprou roupas caras de lycra para fazer ginástica, daquelas bem colantes, *tops* provocantes que deixavam à mostra sua barriga bem torneada, além do seu belo colo. Estava nervosa. Era o primeiro dia que ia ao clube para fazer aula. Sentia-se ansiosa. Afinal, ela daria um jeito de ficar perto do dr. Aluísio, iria puxar conversa.

A tal aula não acabava nunca. Aliás, achou muito chato ficar pulando o tempo todo. Tudo por uma boa causa, suspirou ela. Saiu pouco antes do fim da aula e correu para a quadra, como quem não quer nada. Sentou-se na arquibancada. Não havia ninguém, só os jogadores na quadra bem iluminada. Procurou imediatamente por Aluísio. Deu um sorriso ao vê-lo. Ele estava lindo de calção e camiseta. Ele é muito diferente sem terno e gravata e fica bem melhor assim, pensou ela. Que homem interessante! Aluísio parecia estar numa final de campeonato: gritava com os companheiros, xingava os adversários, reclamava o tempo todo. Cláudia sentiu-se ainda mais atraída por ele.

Quando acabou a partida, já passava das dez horas. Faceiramente ela foi até a quadra e, sabendo-se insinuante, pediu carona para o André, que morava relativamente próximo a sua casa.

Todos ficaram surpresos ao vê-la. Ela foi logo falando:

— André, você me dá uma carona?

Ele respondeu surpreso:

— Dou sim... mas aonde você vai?

— Você não mora no Jardim das Belezas? Eu moro um pouco mais para frente. Se você me deixar no terminal, eu pego um ônibus..

— Está legal. Mas nós ainda vamos comer alguma coisa, tomar uma cerveja para repor as calorias que perdemos, brincou.

Cláudia fez cara de desapontamento. Olhou no relógio. Completou com a voz triste:

— Então, deixa para lá... Eu não sabia que vocês ainda ficavam um tempo por aqui... eu vou indo, é que a essa hora passam poucos ônibus....

— Não, retrucou o colega, você fica com a gente, também come algo, não demoramos muito.

Cláudia olhou para os demais, procurando por aprovação. Sentiu que poderia ficar, não ia pegar mal.

— Se vocês não se incomodam.... disse muito dengosa e fazendo-se de desprotegida. Vitória, pensava exultante. Vitória! Uau!

Nas semanas seguintes, ela usou a mesma tática para ficar com o time depois do futebol. Cláudia não era a única mulher da empresa que fazia ginástica, mas a única que se juntava aos homens depois do jogo. Ela sabia o sucesso que fazia, mas fingia não perceber. Nessas ocasiões, procurava ficar próxima de Aluísio. Ali ele não era o *doutor* Aluísio, como ele mesmo dizia, apenas o Aluísio. Ela puxava conversa, usava toda a sua capacidade de sedução, mas com ar de ingenuidade, de uma maneira que jamais alguém poderia acusá-la de estar dando em cima dele. Sabia usar desse artifício como ninguém: a ingênua, a menininha, aquela que não tem idéia do quanto é sedutora, a que incita, a que seduz, mas sem qualquer malícia, a que se sente ofendida quando alguém faz qualquer comentário mais picante ou tenta cantá-la.

Aluísio achava-a uma gracinha, para falar a verdade, muito gostosa, um tesão. Brincava com ela, mas não passava disso. Cláudia já estava percebendo que, desse jeito, nada iria acontecer. Teria de arranjar um modo de ficarem sozinhos. Aproveitou que André estava de férias e armou uma muito bem programada. Na hora de irem embora, ela propositalmente aproximou-se de Aluísio e jogou-se no chão, como se tivesse torcido o pé. Fez a cena completa, caindo ao seu lado. Ele ajudou-a a se levantar. Porém, como imaginara em seus planos, fingiu que não conseguia pisar, reclamava, choramingando, estar sentindo muita dor. Apoiou-se nele, que a abraçou pela cintura e foi se sentar numa cadeira próxima.

— Tenta pisar – disse Osni.

— Não consigo – murmurava Cláudia baixinho, com voz de muita dor.

— Será que quebrou? – perguntou o colega.

— Não foi nada, não foi nada – dizia ela, gemendo. — Passa, não se preocupem. – Foi tentar pôr o pé no chão e deu um grito.

— Melhor levá-la a um pronto-socorro – decidiu Aluísio.

— De jeito nenhum, não precisa. Eu já torci o pé uma outra vez, eu preciso colocar gelo e ficar deitada, não forçar. Só não vou conseguir ir de ônibus...

— Nada disso, vou levá-la ao hospital – retrucou Aluísio.

— Não é necessário, obrigada. Os médicos são loucos para engessar a gente. Se não melhorar, amanhã eu vou a um pronto-socorro. Se chamarem um táxi, já é um grande favor.

— Imagine ir de táxi, com o pé desse jeito. Eu levo você. Onde você mora?

Cláudia exultava, tinha dado certo. Esforçou-se para que ninguém percebesse a armação. Tinha vontade de sair pulando. Seria hoje. Deu certo, gritava por dentro. Deu certo!

Aluísio levou-a até a porta de casa. No caminho, eles conversavam amenidades, mas ela forçou-o a falar dele, contando sobre sua família, seus filhos, sua mulher. Ela escutava encantada, interessadíssima no papo. Lá pelas tantas ele fez um comentário, dizendo que ela era muito menina. Ela ficou furiosa e reagiu imediatamente.

— Não sou menina nada, já estou velha! – falou calmamente sem demonstrar a ira que sentia.

— Se você é velha, imagine eu! Com certeza tenho quase o dobro da sua idade. Quantos anos você tem?

— Quase vinte, respondeu ela, sem olhar para ele.

Ele deu uma gargalhada e completou:

— Quer dizer, dezenove. Daqui uns anos você nunca vai mais dizer que tem quase não sei quantos. Ao contrário, vai fazer questão de frisar sua idade, isto é, se você se dispuser a dizer quantos aninhos tem. Essa meninada não tem jeito, completou ainda rindo!

Ela não estava achando graça nenhuma naquela situação! Ele a estava tratando como uma menina tonta, uma colegial! Sentiu o sangue subir. Ainda bem que está escuro e ele não pode ver minha cara, pensou ela. Tenho de agir rápido, senão, tudo irá por água abaixo. Era o que me faltava. Você vai ver, bradava ela em pensamento, quem é a menina aqui!

Ela, com a voz meio rouca, foi ficando cada vez mais sedutora. Ficou quieta por uns momentos.

— Que foi? Está doendo muito? – perguntou ele assustado.

— Não, até que melhorou um pouquinho... ainda não dá para dançar, completou ela maliciosamente.

— Você gosta de dançar?

— Muito. E você? Se pudesse iria à danceteria todos os fins de semana.

— Seu namorado não gosta de dançar? Perguntou ele ingenuamente.

— Não tenho namorado, respondeu secamente. Aliás, estou à procura de um e está complicado achar.

— Não me diga, caçoou ele. Não acredito que uma menina como você tenha problemas para arrumar alguém.

Ela empertigou-se e disparou, num tom muito ingênuo:

— O problema é que eu gosto de homens mais velhos, mais maduros, são muito mais interessantes. Não suporto garotada. Enquanto falava observava atentamente a reação dele. Percebeu que ele ficou surpreso com a resposta.

Ele não disse nada. Ela voltou ao assunto:

— Sabe, você não acha que é difícil encontrar uma pessoa que realmente nos complete? Eu acho que é. Acredito que eu me daria melhor com uma pessoa mais vivida. Os homens mais velhos têm experiência, sabem das coisas, já têm idéia do que querem, e tratam muito melhor as mulheres.

Aluísio ficou sem graça e cortou o assunto:

— Vá me orientando porque estamos chegando e eu não conheço nada por aqui.

Cláudia percebeu que ele recuara. Mas não se deu por vencida. Teria de ser mais direta, e logo mais daria o bote.

Ao chegarem na casa dela, ajudou-a a sair do carro, apoiando-a no seu ombro. No portão, ela parou subitamente e, com uma voz muito doce, murmurrou:

— Você é especial, não sei como lhe agradecer. Gostaria de poder retribuir essa gentileza sua, da forma que você quiser...

— Não tem de quê – disse ele, embaraçado.

— Eu fico com uma dívida com você, que gostaria de zerar – insistiu ela, de forma marota. Vou contar um segredo: eu adoraria ter um homem como você, tão gentil, encantador e além de tudo, bonito e charmoso. Mas não tive essa sorte. Me senti tão bem... muito obrigada e, inesperadamente, deu-lhe um beijo na boca. Sem esperar a reação dele, saiu pulando num pé só e com o coração pulando também.

No dia seguinte não foi trabalhar. Foi ao pronto-socorro e conseguiu um atestado, alegando diarréia. Ligou para o seu Geraldo e disse que estava com o pé machucado e muito inchado. Não tinha quebrado, mas o médico tinha enfaixado e pediu para ela ficar um dia de repouso. Foi até a loja onde Judite trabalhava. Estava doida para contar para a prima o acontecido.

— Eu não acredito que você fez isso.

— Fiz e deu certo.

— E ele como reagiu? – perguntou, ansiosa.

— Não olhei para trás, mas acho que gostou.

— E agora o que você vai fazer? Torcer o outro pé?

— Não sei muito bem. No fundo estou com medo da reação dele. E se ele ficar bravo? Posso perder o emprego...

— Você arruma outro. Mas não acredito que ele reaja dessa maneira, algo me diz que ele não vai fugir não...

— Você acha? – perguntou ela com insegurança.

— Eu não entendo você. Primeiro arma um circo, faz tudo para o cara cair na sua; quando ele cai, você fica igual uma barata tonta. No mínimo ele vai querer transar com você.

— Mas eu não quero uma vez só.

— Ah, daí também, belezinha, já é querer demais. Só falta dizer que você o quer apaixonado, largando tudo por sua causa. Cláudia, o homem é diretor, casado, com um monte de mulher atrás dele. Você é uma gracinha, tem um corpão, mas não delira, tá? Ele até pode levar você aqui e ali, mas o que ele vai querer é transar e ponto. Se você quiser tentar jogar, não dá na primeira vez, faz doce. Se tiver uma segunda, diz que você está menstruada. Mas uma hora você vai ter de dar e se for muito fácil, o cara enjoa. Judite ficou quieta, matutando. Sabe o que eu faria? Iria procurá-lo, para pedir desculpas... aí você saca qual é a dele.

— Talvez seja a melhor idéia. Amanhã vamos ver o que acontece. O pior é que tenho de enfaixar o pé e ir de chinelo. Não posso me trair.

Cláudia quase não dormiu, tamanha a ansiedade. No dia seguinte, as horas não passavam, resolveu ouvir a prima. No finalzinho do expediente, ligou para ele.

— Dr. Aluísio, desculpe incomodar, mas eu preciso muito falar com o senhor.

— Melhorou do pé? – perguntou ele, normalmente. — Você ontem não veio. Chegou a quebrar?

— Não senhor, foi uma torção forte. Ontem estava muito inchado.

Ouve um silêncio perturbador. Ela insistiu:

— O senhor pode me dar uns minutinhos antes de ir embora?

— Falar sobre o quê? – perguntou, candidamente, mas com certo sarcasmo na voz.

— Por favor, o senhor sabe, eu estou me sentindo péssima... Eu... e sua voz tremeu.

— Está bem. Para evitar comentários, por favor, me espere no café da rua de trás. Eu encontro você lá.

— Sim, senhor. – Ela vibrava. Ele ia. Ele não estava bravo como ela havia pensado.

Eles se encontraram e o jeito dele estava diferente. Ela percebeu. Pediu desculpas, fez mais uma cena e à medida que percebia o quanto ele estava cedendo, avançava na sedução. Disse que ele não saía da sua cabeça etc. Dali foram para um motel.

VI

O que parecia ser apenas uma saída sem compromisso, foi se tornando cada vez mais assíduo. Aluísio gostava do jeito dela, do seu jeito de menina, além de haver um entrosamento perfeito na cama. Meses se passavam e o *affair* continuava.

Cláudia passou a controlar de perto a vida dele. Ouvia todas as ligações que podia, principalmente as de Lucila. Conhecia todas as desculpas dele para poder sair com ela, as discussões, as reclamações dela, os filhos pedindo coisas, o nome dos parentes, as datas de aniversário, sabia de muitos compromissos que ele nem contava que teriam, do nome de amigos, encontros a que iam, problemas domésticos, as festas de família, enfim, o conhecia, não apenas o lado que ele mostrava, o que ele queria que soubesse. Sabia de muita coisa, muita coisa.

Já saíam há quase um ano. Ele a levava a lugares bacanas, como dizia ela. Dava-lhe roupas, sapatos, pagou um tratamento ortodôntico, pois ela era um pouco dentuça, pagava o cabeleireiro. Para evitar que seus pais desconfiassem dos gastos extras, Aluísio dava-lhe uma espécie de mesada, justificando assim os gastos e contribuindo com um pouco mais para o orçamento familiar. Para que ninguém desconfiasse, dizia ter sido promovida. Na empresa, alegava estar noiva de um rapaz que morava em Belo Horizonte e que só vinha vê-la a cada quinze dias ou uma vez por mês. Todos acreditavam. Cláudia era absolutamente discreta, sempre alerta para que jamais alguém soubesse do seu caso. Se vazasse, era rua na certa. A corda sempre se rompe do lado mais fraco, ainda mais um diretor com uma simples telefonista, ponderava ela.

Ele nunca prometia nada para ela, jamais aventou a possibilidade de deixar Lucila para assumi-la. Mas esse era o maior desejo de Cláudia, ela acreditava ter se apaixonado de verdade. Quando tocava em algum assunto sobre o futuro, ele se omitia. Cláudia, eu gosto de você e ponto. Por favor, não force a barra. Ela ficava quieta, mas inconformada. Ele ia ser só seu. Ah, se ia. Eu juro, repetia incessantemente para si mesma.

Judite era a única que sabia de tudo, tintim por tintim. Nos fins de semana ou se trancavam no quarto, ou iam até um barzinho para poderem conversar à vontade.

— Ju, está barra, eu não estou agüentando mais. O Aluísio faz tudo o que eu quero, mas eu tenho a sensação de que ele pode terminar tudo de uma hora para outra. Eu sei que ele gosta de mim e eu morro sem ele. A Lucila anda insuportável, pelo que eu sei, e deu um sorriso irônico. Outro dia a gente ia sair, ela fez um escândalo no telefone, que fez ele desistir. O pior é que o tonto me falou que o filho estava doente. Fiquei doida, mas não abri a boca. A coisa lá não anda bem...

— Você sabe que ele jamais vai largar a família – disse a prima num tom conciliatório.

— Ela está com o saco cheio dele. Eu percebo pelo que ele fala e pelo que eu ouço, até com um amigo ele andou reclamando. Outro dia, ela chorou à beça no telefone, reclamou muito e ameaçou pegar os meninos e ir embora para Campo Grande, onde mora a família dela.

— E ele?

— Ele não acredita que ela faça isso. Ele está bem ausente de casa, e eu forço mesmo para ele chegar tarde. Às vezes, invento de ir jantar no Guarujá, Santos. Lá ninguém nos conhece. Podemos ficar à vontade. Ele vai e ainda damos uma transada. Ele chega tarde pra valer. Ela tem de se tocar que tem outra no pedaço!

— Por quê?

— Porque eu acho que se ela souber da minha existência, ela dá o fora. Volta para Campo Grande.

— Cláudia, Cláudia, você está sonhando alto demais. Ela largar dele não significa que ele ficará com você.

— Pode ser, mas o Aluísio não é homem de ficar sozinho.

— Você não está pensando em contar para ela, está?

— Estou, vou ligar e dizer que sou a outra há tanto tempo etc.

— Não faça isso – disse Judite, censurando-a. — Acho uma grande burrice. Mesmo que ela acredite, você é só a telefonista, ele vai se safar e você leva a pior.

— Você acha? – perguntou ela, sentindo-se insegura.

— Ela tem de pedir a separação e, para isso, não é um *casinho* que vai fazer a diferença. Tem de ser algo muito grave, muito. Você vê homem pedindo a separação? Nunca! São as mulheres que pedem. Já que você tem certeza de que ela não tem outro, para ela chegar a esse ponto, só ficando com ódio, ódio mortal! Não se esqueça de que eu também já andei com homem casado, sonhei igualzinho a você. Tinha vinte e três anos. Quando a mulher descobriu, ele se cagou todo. Ela fez um escândalo, mas perdoou rapidinho.

Cláudia olhou para a prima, sentiu-se desconfortável. Ela tinha razão.

— Mas eu quero esse homem. Eu quero. Já sei, vou ficar grávida.

Judite caiu na gargalhada. Cláudia ficou brava.

— Cláudia, você é muito esperta, mas tem vezes que eu não acredito no que você fala. Ficar grávida? Ele vai ficar putíssimo com você, vai fazer você tirar a criança.

— Mas eu não tiro –, disse ela resoluta.

— Não tira e se ferra. A primeira coisa que ele faz é fazer você perder o emprego; a segunda, é nunca mais olhar para a sua cara, por mais que você jure que engravidou sem querer. Aí fica você, com vinte e um anos, com filho para criar, sem pai. Tia Dalva vai adorar. E pode ter certeza que ele vai convencer a Lucila de que foi uma vez só. O seu filho será para sempre! Desiste, isso nunca dá certo. Filho não prende homem!

VII

Passadas algumas semanas, Cláudia começou a freqüentar o cabeleireiro de Lucila aos sábados. Descobriu que ela ia sempre no mesmo horário e "coincidentemente" passou a ir na mesma hora. Não foi difícil a aproximação. Cláudia apresentou-se como Leca, apelido que tinha quando criança. No início, eram conversas corriqueiras, típicas de cabeleireiros. O que você faz, se é casada, se tem filhos, onde trabalha, o capítulo da novela e outras amenidades. Cláudia propositadamente perguntava sobre o casamento de Lucila, mas de uma forma muito *light*. Lucila falava dos filhos, da vontade de voltar para Campo Grande, como era difícil a sua adaptação, que o marido trabalhava demais, que por vezes ela se sentia muito só etc. Cláudia ouvia pacientemente, Lucila perguntava sobre a vida da nova amiga e ela dizia ter rompido um noivado. Estava decepcionada com os homens. Tinha sido traída e foi horrível.

— Imagino – respondeu Lucila, condoída.

— Você não faz idéia – disse com a voz entrecortada. — Eu acho que traição não merece perdão. Se ele me traiu antes de casar, só pensei em como seria depois.

— Como você soube? – perguntou Lucila, ingenuamente

— Na verdade, eu sou sensitiva. Tenho visões e "sinto" as coisas, independentemente da minha vontade. Muitas vezes elas vêm claras como numa foto. E eu o vi com outra.

— Não acredito! – respondeu ela, surpresa. — E daí? Você viu quem era?

— Não, mas eu tinha certeza de que ele me traía. Quando a gente desconfia, ir atrás é fácil. Não foi difícil que ele caísse em contradição. O pior é que era com uma amiga minha.

— Leca, que horror! – disse Lucila, indignada.

Cláudia continuou:

— Hoje eu vejo como foi melhor ter descoberto antes de me casar. Algumas vezes, tomar algumas atitudes é muito doído.

Só com o tempo a gente percebe que tomou a decisão certa; mas na hora, é horrível.

Lucila baixou o olhar, triste. Cláudia ficou impassível, mas por dentro exultava.

Nos sábados seguintes, elas sempre se encontravam. Em um deles, especialmente, Lucila estava muito abatida, com aquele ar de quem não quer conversa. Cláudia sabia que os dois tinham tido uma discussão horrível na quarta-feira, pois Aluísio comentou com ela.

Aproximando-se de Lucila, disse de forma carinhosa:

— Você não está bem, Lucila.

— É, estou cansada. Não tenho dormido bem – disse, conclusiva.

Cláudia ficou quieta, observando-a. Cláudia não se deu por vencida. Era o clima que ela precisava. Puxou conversa, amenidades, o que descontraiu Lucila. De repente, num tom muito baixo e com ar de cumplicidade, Cláudia disparou:

— Eu queria falar uma coisa para você.

Lucila olhou espantada. Fale.

Cláudia recuou:

— Deixa para lá! Não vale a pena! Esquece. – Disse isso sabendo estar provocando e aguçando a curiosidade da "amiga".

Lucila endireitou-se na cadeira:

— Que é isso Leca, você pode falar o que quiser –, mostrando-se curiosa.

Cláudia aproveitou e disse baixinho:

— Eu tenho sentido umas coisas em relação a você. E também já tive duas visões.

O rosto de Lucila contraiu-se.

— Não é boa coisa, é?

— Infelizmente não. Mas é melhor não falar nisso, estou achando você muito triste.

— Não! – exclamou ela. — Por favor, continue.

— Aqui não. Que tal irmos tomar um lanche ou um café assim que sairmos daqui?

— Claro, concordou Lucila totalmente seduzida pela idéia.

Cláudia ria por dentro. Ela caiu, tenho certeza que vai acreditar em tudo o que eu falar.

No café, Lucila ouvia a "amiga", completamente atônita. Cláudia estava com um ar muito compenetrado, e num tom grave foi falando:

— Eu até estranhei, porque normalmente tenho essas visões e sentimentos com pessoas próximas. Eu a conheço tão pouco, que ao identificar que era você fiquei assustada! Nunca tinha acontecido algo assim comigo.

Lucila mexia-se na cadeira, incomodada. O rosto dela estampava a tensão crescente. Ela continuou:

— Deve ser porque você é uma pessoa que está sofrendo muito. Eu sinto isso, você sempre chorando, há muita, muita tristeza e incompreensão! À medida que ia narrando o que tinha acontecido, percebia que Lucila estava totalmente envolvida, acreditando em cada palavra, não questionando em nenhum momento a veracidade do que era relatado.

Ela prosseguiu, ainda mais confiante:

— Você está numa grave crise conjugal, desconfia que seu marido tem outra. E tem. Ele quer largar você, mas tem alguns problemas com terras, propriedades, eu não sei direito. E observava a reação da rival.

— Tem sim – confirmou ela, muito assustada. — Ele quer que eu venda uma parte que tenho numa fazenda, herança da minha avó. Então é por isso que ele tem me falado tanto que a fazenda só vai dar prejuízo, que é bom me livrar antes que meus primos briguem. Que filho da puta! O tom de voz dela demonstrava raiva crescente. Você sentiu mais alguma coisa. Quem é a fulana? Faz tempo que eles estão juntos?

— Ah, isso eu não sei. Eu vi muitas viagens, aviões... Teve alguma viagem que ele fez, não sei se ao exterior ou não, uma viagem não muito curta que você quis muito ir e ele não permitiu que você fosse?

O rosto de Lucila se transformou e disse com a voz crispada.

—Sim, Leca!

Com a voz pausada, amigável, contou ter "visto" o marido dela com uma mulher, num avião. Lucila não agüentou. Estava tomada de ódio, baixou a cabeça e começou a chorar. Cláudia a consolava.

— Desculpe estar contando, eu não devia. Você está sofrendo à toa.

— É inacreditável, você está falando de coisas que eu tinha na cabeça e das quais tinha muita dúvida. É isso mesmo, eu não queria acreditar, o filho da puta nega sempre. Agora está tudo claro, muito claro e chorava mais alto.

Cláudia alfinetou:

— Ele tem uma viagem de negócios programada, não tem?

Lucila apenas concordou com a cabeça. Peça para ir com ele, veja o que ele diz. Lucila estava sem reação, prostrada. Cláudia sabia que ele jamais poderia levá-la, pois junto com ele iam mais dois diretores visitar três capitais nordestinas. Sol, praia, calor. Lucila ia pedir e ele, sem saber de nada, ia negar com veemência.

— Lucila – disse, passando a mão na cabeça dela. — Não diga nada a ele, nada. Ele vai dizer que você fica dando ouvidos a cartomantes e outras coisas. Eu não vou dizer mais nada, não esperava que você reagisse assim...

— Leca, eu só estou triste por estar constatando uma coisa que desconfiava há muito tempo. Foi ótimo você ter me falado... dói, dói... e dá uma raiva imensa. Eu quero saber quem é a vagabunda.

Cláudia gelou.

— Não vá atrás – disse incisiva. — O problema não é ela, é ele. De repente, Cláudia ficou quieta, com um ar compenetrado, como se estivesse se concentrando. Lucila esperava alguma reação, completamente dominada.

— Você está sentindo alguma coisa, vendo alguma coisa? – perguntou, descontrolada. — Por favor me diga – suplicou.

— Não está claro... não está claro.

— Pelo amor de Deus, Leca.

Cláudia fez um gesto de silêncio com o dedo. Lucila se aquietou, embora sua agitação fosse palpável. Passados alguns minutos, Cláudia disse num tom firme, baixo, como numa confissão:

— Eu não sei bem, muitas vezes as coisas não vêm nítidas. Eu vi uma criança, um bebê. Talvez você esteja grávida.

— Impossível – interrompeu Lucila. — Eu tive um mioma e tirei o útero há dois anos.

— Mas tem uma criança, com uma mulher e um homem. Uma menina, uma linda menina, moreninha.

Lucila estava estática. Cláudia encenou outra visão.

— O que foi, me diga pelo amor de Deus! – implorou com um fio de voz.

Cláudia, com um jeito muito maternal, completou:

— Tem alguém grávida, a amante de seu marido está grávida. E você vai ficar sabendo, não por ele. Ele vai negar até o fim. Ele vai largar você por causa disso. Vai haver uma enorme confusão. Justiça, brigas, muito dinheiro rolando. Seus filhos estão nessa confusão, vejo você sozinha. Eles podem ficar com ele, cuidado.

Lucila estava totalmente transtornada. Cláudia continuou; sabia que tinha o domínio completo da situação:

— Para evitar tudo isso, você deve pedir a separação.

E continuou:

— Mas ouça bem, não deixe que ele perceba que você sabe de alguma coisa. Se ele desconfiar, você está perdida.

Leca olhou no relógio e exclamou:

— Meu Deus! Fiquei de ir buscar meu pai no laboratório, ele está me esperando há mais de uma hora. Desculpe, querida, ele é diabético e quase cego, preciso ir.

Lucila só acenou a cabeça, afirmando que sim. Cláudia levantou-se vitoriosa.

Cláudia foi direto encontrar Judite e contou o ocorrido. Estava exultante.

— Ju, deu certo, melhor do que a gente esperava. Ela é uma idiota completa. Agora chegou a sua vez. Você vai ligar para a madame e dizer que é a amante dele e que está grávida. Diga que é menina, que você vai realizar o sonho dele de ter uma menina.

— Ela pira de vez — completou Judite. — Vou ligar de um orelhão. Ela nunca vai poder identificar a ligação. Para não dar muito na cara, ligo no meio da semana. Me dá o número do seu telefone; para não dar muito na cara, ligo no meio da semana.

— Isso mesmo. Melhor, ele viaja na quarta-feira à noite da outra semana. A gente liga quando ele estiver no avião. Assim ela não vai poder falar com ele.

— E se abrir o bico antes? Ela está desesperada.

— Você tem razão Ju, vamos ligar segunda-feira. Acho que até lá ela segura. Ela vai pedir para ir com ele para o Nordeste.

IX

Lucila estava completamente atordoada. Só tinha um pensamento: o Aluísio tem outra. Outra. Outra. Essa palavra ficava martelando em sua cabeça, como o badalar de um sino. Era desesperador. Outra, outra. O que fazer? Perguntava-se seguidamente. Sentia-se vazia, como se tivessem sugado toda a sua energia, o seu amor próprio, a sua auto-estima.

Andou mais de uma hora com o seu carro, totalmente sem rumo. Quando percebeu, estava do outro lado da cidade. Não parava de chorar. Calma, dizia para si mesma. Aja com a cabeça!

Sentindo-se mais tranqüila, decidiu voltar para casa. Ao entrar, perguntou pelo marido. A empregada disse que ele tinha saído com os meninos, mas não demoraria. Ainda bem, murmurou baixinho! Foi tomar um banho, avisou que não queria almoçar, pois não estava se sentindo bem.

Assim que ele chegou, foi ao quarto e a viu muito abatida.

— Lucila, que cara abatida, você está com olheiras. O que você tem?

Ela fitou-o, tinha vontade de voar no pescoço dele. Fez um esforço supremo para tentar ser natural.

— Eu estou com uma dor de cabeça horrível. Eu ando muito cansada...

— Cansada, disse ele surpreso e com um certo deboche.

— Cansada, sim senhor. Você sabe que eu não gosto daqui. Estou precisando viajar, dar uma espairecida. Falava sem olhar para ele, tinha medo de se trair. Eu estive pensando... você vai para Fortaleza a semana que vem, não vai? Acho que eu vou junto... Podíamos emendar o fim de semana. Não é uma boa idéia?

— Você está brincando! Que idéia mais doida!

— Por quê? Não posso viajar com o meu marido? – perguntou desconfiada.

— Tenha dó. Eu não vou passear, vou trabalhar.

— Aluísio, disse firme, eu vou com você. Já decidi.

— Você está maluca. Não vai não! O Luís Carlos e o Moura também irão. Não tem cabimento!, retrucou impaciente.

Alterando a voz, ela insistiu:

— Queira ou não, eu já disse que vou. Danem-se os dois outros diretores!

— Você está me irritando, disse ele ameaçador.

— Ah, já entendi, retrucou ela muito nervosa. Acho que o Luís Carlos e o Moura têm outro nome e usam saia!

— O quê???

— É isso mesmo o que você ouviu, berrou. Você não quer me levar porque vai com a sua amante!

Aluísio a olhava incrédulo. Sentiu-se acuado. Será que ela descobriu que tenho um caso com a Cláudia? Não, acho que não. Sentou-se na cama, respirou fundo, tentando não se trair, e calmamente perguntou:

— Quer me explicar direito essa história, eu não estou entendendo nada.

Lucila chorava convulsivamente.

— Você vai levar a sua amante com você, eu sei.

— Que amante? De onde você tirou essa idéia?

— Eu tive um sonho...

— Lucila, Lucila, pára com isso. Respirou aliviado, ela não sabia de nada concretamente. Eu conheço você... diga-me a verdade.

— Eu fui a uma cartomante, ela me disse que você tem uma amante... Afirmou, soluçando sem parar.

Ele levantou-se com as mãos na cabeça e repetia alto: eu não acredito! Não acredito! Você dando ouvidos a uma charlatã, a uma cartomante... Era o que me faltava. Sua voz demonstrava surpresa e grande irritação.

— Não adianta negar, eu tenho certeza de que é verdade... – disse fuzilando-o com o olhar. — Você está pensando que eu estou brincando? Aluísio, eu vou pegar os meninos e sumir. Eu vou largar você!

— Pára com essa bobagem, determinou ele. Chega! Estou cheio dessa conversa sem pé nem cabeça. Se você quer me deixar, use outra desculpa. Porque essa, minha querida, é muito esfarrapada. Acho que em lugar de viajar, você deveria procurar um psiquiatra! Você precisa de um tratamento urgente! Urgente!

E saiu do quarto batendo a porta.

Não se falaram durante o fim de semana todo.

Na segunda-feira, Aluísio estava absurdamente malhumorado. Ligou para Cláudia antes do expediente. Ela estava mais encantadora do que nunca. Ele reclamou de Lucila, contou o que ela tinha aprontado.

Docemente, Cláudia perguntou:

— Você acha que ela desconfia da gente? Que ela está sabendo de alguma coisa?

— Acho que está desconfiada, ou alguém andou enchendo a cabeça dela. Mas, se soubesse, já tinha vindo para cima de mim. Do jeito que ela anda, ela teria me matado. Sabe de nada não.

— Calma, querido. Essas crises não demoram a passar – disse num tom conciliatório.

Ele olhou para ela e disse muito mais para si mesmo do que para ela: — Não sei se vou agüentar mais. Que inferno está a minha vida!

— Você não tem reunião fora da empresa hoje? Não vai ficar o dia inteiro fora? Não esquenta, à noite a gente sai, encontro você no motel. Fico com você até tarde. Se ela já está nesse estado, liga e diz que vai jogar bola para espairecer. Hoje não é dia, mas ela vai acreditar. Eu vou acalmar você...

Ele deu um longo suspiro.

— Ainda bem que tenho você. A gente se vê à noite.

Mal ele desligou, ela telefonou para Judite:

— Liga lá pelas duas horas, ele vai estar fora da empresa a tarde toda e à noite vai estar comigo.

No dia seguinte, Aluísio não ligou para Cláudia, como de costume. Ela pediu para Judite ligar e disseram que ele não estava na empresa. Cláudia ficou um pouco apreensiva, mas logo relaxou. Tinha dado merda feia. Quando ela chegou no emprego, foi informada de que o dr. Aluísio não viria trabalhar.

No final da tarde ele ligou para ela, com a voz desconsolada, exaurida.

— Você não imagina o que aconteceu, a Lucila pegou as crianças e foi para Campo Grande. Quando eu cheguei ontem em casa, eles não estavam mais lá. Quase enlouqueci. Só soube de manhã. Ela não quer falar comigo. O pai dela veio ao telefone e disse que ela não volta mais, ela chegou num tal estado que precisou de médico. Eu não sei o que houve. Estou desesperado.

Cláudia sorria do outro lado da linha. Ela tinha conseguido. Não resistiu e disse docemente, como se quisesse efetivamente acalmá-lo:

— Aluísio, Aluísio, não fica desse jeito. Ela não deve estar bem... Ai querido, como você está sofrendo, não sei como ajudá-lo, nem sei o que falar. Eu só posso dizer que estou a seu lado... eu amo você! Só Deus sabe o quanto eu gosto de você. Eu garanto que é muito mais do que você pode imaginar.

Desligou o telefone e foi ao banheiro. Ficou lá por alguns minutos, até seu coração parar de bater tão aceleradamente. Deve ser essa a sensação de alguém que ganha uma medalha de ouro em uma Olimpíada... indescritível!

X

Lucila entrou com o pedido de separação, não voltou mais para São Paulo. Recusava-se a vê-lo. Ele, para ver os filhos, teve de ir a Campo Grande. A separação quase foi litigiosa. O pai dela, homem com muito dinheiro, ameaçou-o com escândalos, inclusive prejudicá-lo profissionalmente, desmoralizando-o. O sogro foi categórico: "Um cafajeste como você, que arruma outra, e ainda a engravida, vai assinar a separação amigável." Aluísio não entendia, engravidou quem? O advogado dela sustentava essa tese. É armação, pensava ele. Por fim, decidiu assinar, pois sabia o que era uma separação litigiosa.

Aluísio mudou-se para um apartamento, pois a casa seria vendida, conforme constava na separação. Aluísio se abateu demais com tudo o que aconteceu. Cláudia estava sempre por perto, sempre muito compreensiva, muito atenta, cheia de amor e carinho, um bálsamo para uma alma tão machucada como a de Aluísio. Ela foi ficando no apartamento dele um dia, outro, levando suas coisas. sem que ele se desse conta que ela estava se mudando para a sua casa. Ela saiu da empresa, alegando que se alguém descobrisse ter sido ela o pivô da separação, ele também estaria em maus lençóis. Em alguns meses estavam morando juntos. Aluísio assumiu-a como sua mulher. Não demorou muito ela engravidou e nasceu um menino, logo depois outra gravidez, e veio uma menina.

Ele tinha muitas saudades dos filhos com Lucila. Cláudia sempre deu um jeito para que eles não viessem para São Paulo, colocava mil obstáculos; por enquanto era melhor que ele fosse vê-los, qual seria a reação ao ver o pai com outra e com os irmãos?

O tempo passou e a raiva diminuiu; embora distante, Aluísio queria mais contato com os filhos. Trouxe-os para São Paulo, numas férias; agora, eles já eram pré-adolescentes. Cláudia foi encantadora com eles. Gostaram dos irmãos. Num domingo, foram à festa de aniversário de um ano da filhinha de Heraldo, um primo muito chegado de Aluísio. Festa de pai velho, como dizia Aluísio: palhaço, show, filme, fotos. Um saco, disseram os meninos.

Depois de poucas semanas, Aluísio foi tomar um drinque na casa do primo. Cláudia não pôde ir pois Nina, sua filha, estava com febre alta e dor de ouvido. Ele fez questão de mostrar as fotos. Em algumas delas, apareciam os seus filhos. Numa, em especial, Nina estava no colo de Marcelo. A foto estava linda. Aluísio pediu uma cópia, queria mandar para o filho. Aproveitou e escolheu outras onde estavam os seus filhos. Afinal, eles não tinham fotos dos irmãos. Sem problemas, disse Heraldo.

Passados alguns meses, Lucila estava arrumando a gaveta de Marcelo e viu as fotos. Percebeu logo que eram dos irmãos com a outra. De repente, levou um susto. Conhecia o rosto de uma mulher que apareceu em duas fotos. Da onde? Quem é ela? Num *flash*, reconheceu Leca. O que ela estava fazendo ali? Chamou Marcelo e perguntou quem era aquela mulher.

— É a mulher do meu pai, a Cláudia – respondeu, singelo.

Lucila sentiu-se mal. Quase caiu, precisou sentar-se na cama.

— Mãe, o que foi? – perguntou, assustado. — Mãe, responde! Ela estava lívida, sem reação.

XI

Num domingo à tarde, daqueles modorrentos, Aluísio dormia no sofá da sala. De repente, tocou a campainha. Cláudia atendeu. Ao abrir a porta, deu um grito. Aluísio acordou sobressaltado. Viu Lucila, elegantemente vestida. Assustou-se.

— Leca, que bom revê-la – disse ela, irônica. — Não vai me convidar para entrar?

Cláudia recuou alguns passos, lívida, visivelmente transtornada. Só conseguiu perguntar:

— Como você subiu?

— Foi fácil. Disse que sou uma amiga muito querida sua, que não a via há anos. Pedi ao porteiro que não me anunciasse, queria fazer uma surpresa inesquecível. Aqui estou.

Aluísio não entendia nada. Lucila continuou impávida:

— Sabe Leca, uma vidente me contou que você estava amasiada com o meu ex-marido. E me aconselhou a vir aqui contar para ele quem foi a "outra" vidente que sabia tantas coisas sobre a nossa intimidade, dos nossos problemas, das nossas crises. Eu acho que não estou contando nenhuma novidade, você já deve ter relatado para o Aluísio porque eu fugi, que a Leca, a vidente que tanto me ajudou, é você, Cláudia.

Cláudia berrava:

— Sai daqui, sua louca! Fora da minha casa! Aluísio ela veio aqui para estragar tudo. Põe ela para fora. Ela é louca, louca!

Aluísio olhava para as duas atônito, não acreditando na cena.

— Pára de berrar, Cláudia! –, disse ele enérgico. Isso não pode estar acontecendo. É surrealista demais! Não estou entendendo nada!

— Se você não a puser para fora agora, saio eu! – gritava Cláudia, completamente descontrolada.

— Já falei para você calar a boca. Eu quero entender essa loucura. Lucila, você está dizendo que você e a Cláudia já se conheciam?

Lucila olhava com superioridade, regozijando-se com o desespero da outra. Sentou-se calmamente numa poltrona e disparou sarcástica:

— Que foi, madame Leca ou Cláudia, não sei bem como você prefere ser chamada. Perdeu os poderes? Não conseguiu ver ou sentir que eu tinha descoberto? Ou eles só funcionavam para roubar o marido de uma "amiga"?

O Olhar do Psicólogo...

Enquanto seu lobo não vem

Laís

— Zé Otávio, amanhã é o aniversário da Regina e nós vamos fazer uma festa-surpresa na casa da Laís, você não quer ir?

— Laís, aquela menina do terceiro ano?

— É, ela mesma.

— Obrigado Nelsinho, mas não vai dar, pois vou passar o fim de semana em casa.

— Pô, cara! Mancada! Você nunca sai com a gente. Só vai o pessoal mais chegado da nossa classe e alguns do terceiro ano! Vamos fazer surpresa para a Regina. Ela gosta muito de você. Cara, vai no sábado, vai ser legal.

Zé Otávio ficou quieto, pensando. Até que podia ficar mais uma noite em São Paulo. Pegaria o ônibus no sábado de manhã e em uma hora estaria em Piracicaba. Nelsinho tinha razão, fazia tempo que não saía com eles. No começo da faculdade, as noites de sexta-feira eram sagradas: iam tomar cerveja. Ficavam até de madrugada batendo papo, discutindo o destino do mundo, chorando as mágoas. Era uma turma bem legal. Nesses três anos, muitos estavam namorando sério, outros tinham feito novas amizades. Zé Otávio namorou por mais de dois anos. Fazia pouco tempo que tinha terminado e estava meio sem ambiente em Piracicaba. Na realidade, numa cidade pequena não tinha a menor vontade de reencontrar a ex, o que era muito provável nas noites piracicabanas.

— Tá legal, Nelsinho, eu vou. A que horas vocês marcaram? Onde é a casa dela?

— Legal! Vamos lá pelas oito horas. Mas não esquenta, eu pego você em casa.

— Combinado.

II

Zé Otávio achou melhor levar um presente para Regina. Foi ao *shopping* e comprou um vale-CD, um presente sem chance de erro.

Quando chegou em casa, Zé Otávio deitou-se e sentiu uma imensa preguiça de sair. Sentiu saudades da namorada, estava triste. Melhor não ir, pensou ele. Vou ficar aqui em casa vendo tevê. Estava pensando em uma boa desculpa, quando o telefone tocou. Era Nelsinho dizendo que ia atrasar uma meia hora. Zé Otávio ficou sem graça em dizer que não ia mais; afinal, o colega estava tendo muita consideração por ele. Respondeu que tudo bem, ia se aprontar e esperava o amigo. Desligou o telefone com a sensação de que a festa ia ser uma droga, pois ele não estava legal. Mas não tinha mais jeito, o melhor era tomar uma chuveirada. Bom, resmungou ele, se estiver muito chato, fico um pouco, pego um táxi e me mando.

Quando chegaram à casa de Laís, Zé Otávio ficou boquiaberto: que mansão! A casa era enorme, com um jardim imenso, lindo e muito bem cuidado, piscina, vestiário, churrasqueira. Cara, que casa legal! Ele não resistiu e comentou com Nelsinho:

— Meu, que casarão! A Laís não parece ser tão rica!

— É... o pai dela tem muita grana, muita. Mas é gente que tem dinheiro faz tempo, não ostenta, nem gosta de mostrar.

— É mesmo, – concordou ele — ela não é metida nem empertigada. Falo pelo pouco que a conheço. Ela tem um jeitão de menina fina, está sempre bem vestida, mas é simples. Cara, que mansão! – Comentou ele, realmente impressionado.

A porta estava entreaberta e os dois foram entrando; estava cheio de gente. Assim que os viu, Laís foi recebê-los. Zé Otávio tomou um susto ao ver a colega: nem parecia a Laís da faculdade. Ele nunca tinha reparado muito nela. Embora fosse alta, mais de um 1,70 m, um corpo bem-feito, nunca lhe chamara a atenção. De rosto, não era bonita nem feia. Mas hoje ela estava estonteante, com um vestido bem decotado que mostrava o colo bem-feito, deixando à mostra os ombros e as costas. O vestido curto e justo realçava suas formas e as pernas longas e bem torneadas. O sapato alto deixava-a ainda mais longilínea, tornando o seu porte ainda mais bonito e sensual. Ela estava maquiada, e seu rosto estava definitivamente belo.

— Zé Otávio, que legal você ter vindo! – disse ela, abrindo um largo sorriso e beijando-lhe a face. — Nelsinho, eu não acreditava que Zé Otávio viesse, esse bicho-do-mato nunca faz nada com a gente!

Zé Otávio sentiu seu rosto enrubescer. Ficou sem graça. Sentiu medo que ela ou o Nelsinho tivessem percebido o quanto ele estava impressionado com a dona da casa. Apenas sorriu e apertou o envelope do vale-CD, na falta de outro objeto, para disfarçar a tensão.

— Fiquem à vontade, a Regina ainda não chegou. João telefonou dizendo que já ia buscá-la. Ela nem está imaginando a festança que fizemos para ela. Daqui a pouco vamos todos para perto da piscina. Acho uma delícia festa-surpresa e esta vai ser inesquecível, podem acreditar!

Os dois foram cumprimentando os colegas, Zé Otávio conhecia a maioria deles só de cruzar pelos corredores. Grande parte era da classe de Laís, do terceiro ano, e poucos da sua, do quarto ano. Mas sentiu-se à vontade, e logo estava enturmado. Não conseguia tirar os olhos de Laís, seguia-a pela sala. Que mulherão! Sua timidez, porém, falava mais alto; não queria que ninguém percebesse o quanto ela o estava perturbando.

Quando Regina chegou, Laís levou todo mundo para perto da piscina, apagando as luzes. A sua desenvoltura deixou Zé Otávio ainda mais admirado e encantado. De repente, as luzes se acenderam e um coro uníssono cantou *Parabéns a você*, deixando Regina atônita e feliz, não podia acreditar! Laís abraçou demoradamente a amiga e ambas estavam visivelmente emocionadas.

— Nada de choradeira, moçada – interferiu João, ao sentir que o clima da emoção estava tomando conta. — Música, música! Senhoras e senhores, a festa vai até o raiar do dia! Todos a postos!

Num minuto todos estavam dançando. Zé Otávio estava conversando num canto com dois colegas. Falavam do final da faculdade, o que pretendiam fazer assim que estivessem formados. De repente, sentiu um toque delicado nas costas. Virou-se e viu Laís, exuberante, com um sorriso tremendamente sedutor, pegando-o pelo braço.

— Nada de ficar num canto, falando de coisas sérias! Vamos dançar, intimou ela.

Sem esboçar sua satisfação e surpresa, Zé Otávio deixou-se guiar até a pista de dança improvisada. Não gostava muito de dançar, pois sentia-se completamente desajeitado. Não era um bom dançarino, sabia disso. A música rápida e estridente e o ritmo frenético o inibiam ainda mais. Laís dançava solta; Zé Otávio tentava chacoalhar o corpo, sem o menor sucesso. De repente, Laís começou a dar risada, e falou-lhe ao ouvido, pois era a única maneira de ser ouvida:

— Zé, você está parecendo um cabo de vassoura! Solta o corpo, *ginga*, cara! Inesperadamente, pegou-o pela cintura e começou a ritmar os movimentos do corpo dele com a música. Zé Otávio ficou surpreso, até um pouco amedrontado. Aquela mulher era totalmente inesperada, agia de forma muito espontânea, o que o deixava meio sem ação. Mas ela agia de forma tão amigável, tão sedutora, que ele não resistiu e deixou-se levar por ela. Sentia-se fascinado, não estava acostumado com atitudes tão diretas, ela o provocava. Inebriado, quase não percebeu que a música passou a ser lenta. Nesse momento, Laís aproximou-se dele naturalmente, passou os braços pelo seu pescoço, foi aproximando seu corpo do dele e colou o rosto.

Dançavam juntos, muito juntos, os corpos e os rostos colados que pouco se mexiam. A música antiga dos Beatles, *Something*, embalava os casais. Laís cantarolava baixinho a letra no ouvido de Zé

Otávio, excitando-o ainda mais. Num corte abrupto e inimaginável, alguém veio chamar Laís: vem aqui, tem um probleminha na cozinha. Ela desvencilhou-se de Zé Otávio e foi ver o que acontecia. Zé Otávio foi para o jardim respirar. Estava confuso e ao mesmo tempo feliz, sem entender exatamente o que estava ocorrendo. Mas sabia que era algo diferente de tudo o que ele já tinha sentido por uma mulher. Que mulher! Que mulher! E eu nunca reparei nela. Como pode?

III

Outras meninas também tiraram Zé Otávio para dançar. Ele estava adorando a festa. Queria voltar a dançar com Laís, mas ela não ficava sozinha, dançava com todo mundo. Zé Otávio estava à espreita, esperando o momento para tirá-la, para tê-la de novo junto a ele. Estava ficando tarde, muitos já tinham ido embora. Zé Otávio estava com medo que Nelsinho o chamasse para ir embora, afinal ele era sua carona. Todos estavam cansados, muitos estavam recostados nas poltronas, conversando baixo, com caras exaustas. Laís não parava. Num certo momento, passou perto de Zé Otávio que a pegou pelo braço e disse suavemente: quero dançar mais uma música com você. Laís olhou para ele surpresa. Não havia ninguém dançando. Ele não esperou resposta e levou-a pela mão até a pista improvisada. A música lenta, gostosa, sedutora, levou-o a trazê-la para bem perto dele. Ela estava realmente cansada, mas Zé Otávio estava fora de si, com um desejo imenso por aquela mulher.

IV

O fim de semana foi torturante para Zé Otávio. Meus Deus! Eu não consigo tirar a Laís da minha cabeça. Lembrava dela dançando, puxando-o para perto dela, andando sedutora, o decote, o sorriso aberto, o ar de independência, a maciez da pele. Ele queria saber mais sobre ela. Mas como? Pensou em ligar para o Nelsinho, ou mesmo para a Regina, e pedir o telefone dela. Não, era bandeira demais. Ela não demonstrou o mesmo entusiasmo que eu, pensava ele. Vou fazer papel de bobo. Vou ligar e dizer o quê? Quer sair comigo? Laís, estou morrendo de tesão! Claro que não! E se ela dissesse que não queria sair? Já pensou o carão, a vergonha? E se ela contasse para todo mundo que eu estou louco por ela, parecendo um moleque de quinze anos? Melhor eu me agüentar... essa coisa de impetuosidade nunca foi a minha. Não dá certo. Eu só vou quebrar a cara, com certeza. Isso passa, tem de passar.

Tentou se ocupar, foi jogar bola e, à noite, foi a um barzinho com amigos. Até conseguiu se distrair.

Na segunda-feira, a primeira coisa que fez foi "se informar" sobre ela. Como quem não quer nada, falou da festa, que tinha adorado etc. Não sabia muito bem como abordar o assunto. Com o Nelsinho nem pensar, ele o conhecia bem e sacaria o interesse dele. Com a Regina, ela acharia estranho e poderia ir direto comentar com a Laís o súbito interesse dele. Tateou até encontrar Gisele, uma língua solta, um pouco venenosa, mas sem grandes dotes intelectuais. Ficou satisfeito com o que ouviu: Laís estava sozinha, terminou um namoro de anos há pouco tempo, porque o ex arrumou outra e, em questão de menos de três meses, já marcou a data do casamento. Ela tinha ficado muito mal, mal mesmo. Agora estava melhor. Mas não queria saber de homem nenhum, estava magoada e com raiva. Bom, pensou ele! Quem sabe ela não quer um ombro para consolá-la? Sentiu-se fortalecido, mas, ao mesmo tempo, amedrontado. E se ele se aproximasse e ela o rejeitasse? Ia ser mal, muito mal. Talvez fosse melhor dar um tempo, ver qual era a dela.

V

Nos dias seguintes, Zé Otávio fez tudo para se aproximar de Laís. Esperou pacientemente a sexta-feira, para a cervejinha com o pessoal. Laís também foi. Ele ficou exultante. Deu um jeito de ficar perto dela. Puxou conversa, falou da festa. Ela foi receptiva. O papo entrosou. Ela, com um jeito de quem sabe estar seduzindo, com uma linguagem corporal muito intensa, provocava. Ele estava fascinado. A intimidade aumentava, ela perguntou da namorada dele. Foi o sinal. Ele fez questão de deixar bem claro que estava sozinho há um bom tempo, muito maior do que a realidade. Aproveitou a deixa e também perguntou do namorado dela. Laís respondeu displicente que já era; que tinha sido trocada. Uma barra, mas fazer o quê, né? Bola para frente.

O clima entre eles já era perceptível. Nelsinho chegou a comentar com João: — Quem diria, hem? Olha só o Zé Otávio, todo tímido, caladão, está no maior embalo com a Laís, que também parece estar gostando muito do jeitão dele. Gente, está aí, um casal que eu nunca pensei...

Por volta de duas horas, resolveram pedir a conta. Zé Otávio não gostou nem um pouco da brincadeira, mas não teve coragem de perguntar a Laís se ela queria ficar um pouco mais. Inesperadamente, ela perguntou como ele ia embora. De táxi, respondeu ele. De táxi? Imagine! Eu lhe dou carona. Você não mora aqui perto? Ele ficou extasiado. Mal se despediu de todo mundo. Quando chegaram na porta do apartamento dele, ela desligou o carro e ficaram conversando um pouco mais.

— Você quer subir? – perguntou ele, um pouco sem graça — É perigoso ficar aqui.

— Não. – disse ela, firme. — Estou com sono. Adorei essa noite.

Ele sentiu um calafrio. O que fazer?

— Você vai para Piracicaba amanhã?

— Não sei, mentiu ele. Ainda não resolvi.

— Se você ficar por aqui, a gente poderia ir a um cinema, o que você acha?

— Perfeito – respondeu ele, sem saber como continuar.

— Você tem meu telefone, não tem?

— Não, acho que não – respondeu ele, confuso.

Ela abriu a bolsa e anotou-o num pedaço de papel.

— Vou esperar você me ligar. Certo?

— Está bem, está bem – disse ele baixinho, com medo que ela percebesse o quanto estava perturbado.

— Então até amanhã – disse, e deu um beijo no seu rosto. — Caso você vá viajar, me avisa, tá?

— Sim... sim... quer dizer, eu acho que não vou, mas... caso... eu vá... eu ligo sim.

Ela percebeu o estado dele e apressou a despedida. — Tchau, lindinho. Durma bem! Sonhe com os anjos! E saiu rápido, contente, muito contente.

No caminho, ela foi pensando em Zé Otávio. Não é que o caipira não é tonto como eu pensava? Gente, ele é muito interessante. Aliás, ele estava um tesão hoje! Não tinha reparado que peito largo ele tem, que braços fortes. Ele deve ter mais de 1,80 m, com certeza. Ele é tímido, gente, muito tímido. Não imaginava que ele fosse tão inteligente. Boa surpresa! Será que ele vai me ligar? Eu devia ter pedido o telefone dele. Também não ia adiantar nada se ele for viajar... eu queria que ele ligasse. Queria mesmo.

No dia seguinte, Laís acordou tarde. Assim que levantou, perguntou se alguém tinha ligado. Não, ouviu desapontada. Lembrou-se dele. Sentiu raiva. Será que aquele infeliz foi viajar e vai me dar um cano? Calma, ainda é cedo. Resolveu relaxar. Ele vai ligar. Também, se nao ligar, dane-se! Vou ficar esquentando a cabeça com um caipira?

Cada vez que o telefone tocava, ela ficava alerta. Maldito telefone. Por que os homens fazem isso com a gente? Tem coisa pior do que esperar um telefonema? Sentiu-se insegura. Afinal, ela tinha certeza de que ele estava muito na dela. Será que eu me enganei? A tarde passava e nada! Infeliz! Vou levar um cano. Bem feito, quem mandou? Você não conhece essa raça? Não agüentou a ansiedade e ligou para o Nelsinho pedindo o telefone dele. Ligou. Ninguém atendeu. Sentiu-se muito frustrada. Não é que o cara está me esnobando? Decidiu ir até a casa de Regina, dar uma volta, espairecer, falar um pouco. Regina logo percebeu a inquietação da amiga. Surpreendeu-se com a sua ansiedade e empenho em relação ao caipira.

— Não estou reconhecendo você, Laís.

— Nem eu – falou ela, resignada. — Sei lá, ele mexeu comigo. E eu, tontona, achei que estava muito fácil.

— Calma, muita calma. Você deixou o telefone daqui?

— Sim...

— Daqui a pouco ele liga.

Já conformada em ter levado um bolo, ela começou a agitar o programa para a noite. De repente, o telefone tocou. Regina atendeu e abriu um largo sorriso.

— Zé Otávio, aqui é a Regina, tudo bem? Você quer falar com a Laís? Ela está aqui sim. Beijo.

Laís pegou o telefone, radiante. Ele estava em Piracicaba mas, se ela quisesse sair, ele chegaria em São Paulo por volta de oito horas. Ele viria de carro e passaria na casa dela, às oito e meia.

Ela desligou o telefone, eufórica.

— Estou gostando de ver... madame.

— Ai, Regininha. Acho que esse caipira me capturou... será?

— Acho legal, mesmo que não tenha capturado você, ajudará a esquecer o Miguel. Vai em frente.

— Com certeza.... – concordou ela.

VI

Não deu outra, nesse mesmo sábado Zé Otávio e Laís formaram o mais novo par da faculdade e, em pouco tempo, mais do que consolidado. Ele, com seu jeitão calado, quieto e tímido, tinha conquistado Laís, impetuosa, passional, independente, dona de si. Ela parecia estar sempre em ebulição. Ele olhava para ela com ar apaixonado. Ela encontrou nele o porto seguro para suas intensas emoções. Ele estava sempre ali, calmo, bom ouvinte, presente. Ela sentia que ele a admirava muito, apreciava a inteligência dela; a relação intelectual dos dois era muito forte.

A opção dele pela biologia era clara: ele queria fazer pesquisa, fazer carreira acadêmica. Genética era sua paixão. Sentia-se totalmente à vontade no laboratório, mexendo nos animais, anotando os resultados. Laís o incentivava. Sabia que o futuro profissional dele já estava delineado: ele seria um pesquisador brilhante, com chances de fazer doutoramento fora do país ou, mesmo, de ser convidado a ir para a Escócia, pois lá estavam os mais importantes centros de genética do mundo. Ela sentia-se envaidecida com o brilhantismo dele. Já Laís não gostava de pesquisa. Agora, no final do terceiro ano já tinha sido contratada como uma estagiária por um grande laboratório multinacional, na área de desenvolvimento de novos produtos.

VII

Zé Otávio já estava formado há um ano, fazendo seu mestrado, estudando como um doido. Laís foi efetivada na empresa, ganhando um bom salário. Ela amava o que fazia, e foi contratada como coordenadora de pesquisa de novos produtos.

Sentiam-se muito bem juntos, apesar de a diferença social entre eles ser muito grande. Ele era filho de um pequeno comerciante do interior e ela de um grande industrial. Jamais a família dela fez qualquer tipo de observação ou o tratou de forma que o tivesse constrangido. Mas era patente o altíssimo nível com o qual ela estava acostumada. Laís freqüentava a casa dele em Piracicaba, gostava dos pais e irmãos dele, mas não conseguia ter intimidade com eles, ao passo que Zé Otávio sentia-se muito próximo dos pais dela.

Ela conversava muito com Nelsinho, que se aproximou muito dela por ser grande amigo de Zé Otávio. Algumas vezes, ele puxou o assunto da diferença social. Laís dizia que isso era preconceito dele.

Numa tarde, na casa dela, com todos os amigos do casal à beira da piscina (muito mais amigos dela do que dele), o assunto girava em torno de casamento. A moçada dando seus pareceres, uns contra, outros a favor.

— Laís, você se imagina casada com o Zé Otávio? – perguntou Nelsinho, de supetão.

— Claro que sim – respondeu ela, espantada.

— Por que a pergunta? – disse Zé Otávio, meio ressabiado.

— Porque acho difícil a Laís abrir mão desse conforto todo, dessa mordomia toda para ir morar com você.

— Você é um babaca mesmo, não, Nelsinho? Qual é? Minha família tem dinheiro sim, mas eu não me chamo dinheiro. Do jeito que você fala, me constrange: eu não sou nenhuma dondoca, e você está careca de saber que o Zé Otávio não está dando o golpe do baú! – O tom de voz dela era muito agressivo, espantando os demais.

— *Sorry*... não está mais aqui quem falou. – disse ele, para se desculpar. — Mas essa é uma realidade de vocês...

Laís interrompeu o amigo, muito irritada:

— Esse problema não nos afeta e já conversamos sobre ele. Ninguém está pensando em casar agora. Eu tenho apenas 22 anos e o Zé Otávio, 24. Nós dois estamos iniciando nossas vidas profissionais. Ainda tem muito chão, concorda? Pior são uns e outros que deram para andar com baranga.

— Eu??? Andando com baranga? – respondeu ele, indignado. — O que isso tem a ver com o assunto? Você é um pouco "sensível" demais para o meu gosto, menina mimadinha que não pode ser contrariada... – fez uma pausa para evitar falar o que não devia. Mas não deixou de concluir: — Eu bem sabia que você não ia com a cara da Cláudia – retrucou ele, chateado.

O clima foi esquentando.

— Vamos parar com essa bobagem – interferiu Zé Otávio, acalmando os ânimos. — Laís, pára de provocar. Você não pode ficar brava que logo dá "uma no pescoço" – disse ele, em tom de censura.

— Nelsinho vamos fazer uma caipirinha para esfriar os ânimos porque se o pai dela chegar e não tiver uma caipirinha pronta, o homem fica uma fera.

— Vamos lá. Laís, eu não quis ofender. Mas "tô" puto de você chamar a Cláudia de baranga.

— Esquece, eu fiquei com raiva. Mas ela é meio baranguinha, *sorry*, mas é – disse ela, num tom mais amigável.

Para desfazer a situação constrangedora, abraçou o amigo e completou:

— Você vai ser nosso padrinho, aceita?

Nelsinho cedeu e riu.

— Laís, você é da pesada, mas encantadora.

Zé Otávio e Nelsinho foram em direção à churrasqueira. A reação de Laís deixou Nelsinho chateado e apreensivo. Assim que se viu sozinho com o amigo, não resistiu e perguntou:

— Zé, me desculpa, mas essa história de grana não grila você? Eu fiquei impressionado com a reação da Laís. Não parece tão simples como ela colocou.

Zé Otávio ficou em silêncio, na dúvida se deveria dar continuidade ao papo ou não. Depois de alguns segundos, resolveu se abrir com o amigo.

— Grila, cara, grila muito. Eu sei que a Laís vive nesse mundo que eu nunca vou poder dar para ela. É dela, ela foi criada assim. Mas eu já deixei claro que o meu mundo é outro, que para ficarmos juntos ela precisa, inicialmente, abrir mão de algumas coisas. Nós queremos construir as nossas coisas. Com o tempo, a gente vai construindo, devagarzinho. Eu chego lá, você vai ver.

— Bem, do teu jeito, né amigo? Maneirinho, maneirinho.

— Antes de tudo, você sabe, eu gosto muito dela, muito. Ela é a mulher da minha vida.

— Eu sei. Ela também gosta de você.

De repente, a espontaneidade deu lugar a um certo de ar de preocupação. — Espero que sim... espero que sim... disse ele para si mesmo.

Laís vinha vindo ao encontro deles. Sorria, feliz.

— Estou com fome, vou pedir para a Ivanilda servir uns salgadinhos enquanto o papai não chega para fazer o churrasco. Amor, faz uma caipirinha caprichada para mim? – e deu um beijo longo no namorado que correspondeu com todo o seu amor.

VIII

Zé Otávio estava deitado na cama e olhava a namorada se enxugando depois do banho. Ele a puxou para si. Na hora que passou a acariciar os seios dela com certa pressão, ouviu um gemido de dor:

— Ai! Ai! Ai!

— O que foi? – disse ele, assustado. — Machuquei você?

— Não, não machucou. É que neste mês, meus seios estão muito doloridos, mais do que o normal.

— É verdade – disse ele — eles estão muito inchados. Aliás, você não deveria estar menstruada?

— Deve estar descendo. Era para ter descido ontem.

Zé Otávio ficou sério.

— Laís, você tem certeza? Você é tão regulada...

— Claro, seu bobo, conheço o meu corpo. Você sabe que eu sinto a ovulação. Nesses dois anos que estamos juntos nunca atrasou mais do que um dia. Se não querido, você já seria papai de um monte de filhinhos, certo? – disse ela num tom tranqüilo, mas que não conseguiu provocar o mesmo efeito nele. — Vem cá, vem, mas vem bem devagarzinho. Ele se envolveu, e nem pensou mais no assunto.

Nos dois dias seguintes, ele perguntou várias vezes se ela estava com algum sinal da menstruação. Ela foi se irritando, mas ficou claro o quanto ela estava tensa.

— Pára com isso, Zé Otávio! Pára de encher.

Num tom enérgico, ele respondeu:

— Eu estou preocupado. Você também está!

— Pára de agourar! Você está querendo que eu esteja grávida? Está? – disse ela, berrando.

— Claro que não, querida, – respondeu, tentando acalmá-la. — Mas é uma situação tensa, você concorda?

— Não vamos falar mais nisso. Quanto mais nervosa eu ficar, aí que não desce mesmo!

No quinto dia de atraso, Laís foi cedinho ao laboratório e fez um exame de sangue para diagnosticar gravidez. Foi sozinha, sem dizer nada para Zé Otávio. Após alguns minutos, veio o resultado. Deu *positivo*. Por um segundo, o chão fugiu de seus pés. A enfermeira lhe dizia: Parabéns, você está grávida! Ela não conseguia concatenar o que ouvia, os pensamentos rodopiavam, sem parar. Não podia ser. Não podia. Não com ela. Estava errado, ela ia repetir o exame em outro laboratório.

Atordoada, com medo, sem norte, saiu em disparada e foi direto para a casa do namorado. Rezou para que Zé Otávio ainda não tivesse ido para a universidade. Ele ainda estava deitado, pois não andava dormindo bem. A campainha tocava insistentemente. Levantou assustado. Quem seria àquela hora da manhã, apertando a campainha com tanto desespero? Quando abriu a porta e viu a expressão agoniada dela, não demorou nem um instante para compreender o que se passava. Ela estava literalmente apavorada, lívida.

Sem esperar qualquer reação dele, falava atropelando as palavras, com um tom angustiante na voz, que saía rouca, entrecortada, doída.

— Zé Otávio, Zé Otávio, deu positivo! Eu estou grávida. Eu estou grávida. Eu estou grávida! – repetia ela, descontrolada. — Como foi acontecer?

Por um momento ele ficou paralisado, sem qualquer reação. Recompondo-se, diante do desespero dela, abraçou-a forte e colocou-a junto do seu peito. Ela tremia. Ela entrou e ficaram abraçados por muito tempo. Ela chorava, agora baixinho.

Mesmo sentindo-se profundamente alterado e confuso, percebeu que não poderia perder o domínio da situação. Disse da maneira mais carinhosa possível:

— Não é o fim do mundo, querida. Precisamos ter calma. Você tem de se acalmar.

Ela olhou irada para ele, despejando toda sua raiva e incapacidade de gerir o que sentia e gritou:

— Eu não estou calma! Não dá para ficar calma. Pára com esse seu jeito Poliana! Páaaaara! Páaaaara. – e irrompeu num choro compulsivo.

— Laís – dizia ele, suavemente, alisando os cabelos dela. — Eu amo você, querida, nós vamos enfrentar essa juntos. Eu estou aqui, aqui, junto de você, para o que der e vier. Amo você, amo muito.

— Não podia ter acontecido, não podia. Eu sempre senti a ovulação, nunca falhou. – permaneceu calada, como se estivesse tentando entender por que o mecanismo do seu corpo "falhou". — Um filho, meu Deus, um filho, agora não! Agora não, disse ela, entre soluços.

Passado o primeiro momento de explosão, do encontro com o desconhecido, veio a certeza de que qualquer decisão seria definitiva.

Laís não sabia o que fazer, pensava que não queria ter um filho naquele momento. Isso significaria interromper seus projetos de vida, como viajar, fazer uma especialização fora do país e, mais do que isso, implicava perder a liberdade que tinha, o descompromisso com atividades tipicamente domésticas e assumir uma responsabilidade para o resto de sua vida. Como isso a assustava!

Zé Otávio, desde o primeiro momento, quis ter a criança. Para ele, por suas convicções, não havia a possibilidade de aborto. Deixou isso claro para Laís. Essa criança veio e ela vai nascer. É meu filho! Nós só estamos antecipando em alguns anos a chegada dele. Ele já estava em nossos planos. Ela sentia-se ainda mais confusa. Ele não abria qualquer outra possibilidade que não fosse dar continuidade à gravidez. Ele era definitivamente contra o aborto, em especial, de um filho seu.

Foram dias tensos. Regina e Nelsinho acompanhavam o casal, tentando ajudá-los. Numa manhã de sábado, Laís ligou para Regina pedindo para ela ir até sua casa. Quando ela chegou, viu o estado em que amiga estava, muito abatida, mas havia uma certa decisão em sua voz.

— Laís, que cara horrível! O que houve?

— Rê, eu não dormi nada essa noite. Estive pensando.

— E aí, chegou a alguma conclusão?

— Sim...

— E qual foi? – perguntou, já imaginando a resposta.

— Eu vou tirar.

Seguiu-se um longo silêncio.

— Você tem certeza? O Zé Otávio já sabe?

— Não, eu resolvi essa noite.

— Pense bem, ele não quer que você tire. Aliás, é mais forte: ele não admite essa hipótese.

— Isso me desespera. Mas ele vai entender, ele vai ter de entender.

— Não vai não, amiga. Não vai não.

Laís começou a chorar. Olhou para a amiga, implorando ajuda.

— Laís, presta atenção. Eu sei o quanto é duro tomar essa decisão. Fazer um aborto de quem você ama e com quem pretende passar o resto de seus dias é horroroso. Um aborto é sempre uma violência, sempre, ainda mais nesse país onde ele é praticado às escondidas, um ato criminoso, o que faz você se sentir pior ainda. Não falo pelo lado moral, ético, mas pelo lado físico e emocional.

— Mas você já fez... – retrucou ela, com um fio de voz.

— Já. E faria de novo naquela situação. Fiquei grávida de bobeira. Eu nem estava mais com o Ricardo, lembra? Pintou um clima e eu dancei. Desde o momento em que eu soube que estava grávida, não quis ter aquele filho. Já estava resolvido dentro de mim. Eu não ia ter um filho sozinha com vinte e um anos, não ia mesmo. O Ricardo foi muito legal, me ajudou a pagar o aborto, mas também era claro para ele que não existia a menor chance de termos um filho juntos. Eu nunca penso nesse fato. Passou. Mas posso dizer que a experiência na clínica é barra. Literalmente, arrancam um pedaço de você. Digo isso sem moralismo de qualquer espécie.

— E se você engravidasse hoje? – perguntou ela, tentando se assegurar.

— Não dá para responder... dependeria de muita coisa. Eu não estou com ninguém firme. Desculpe, mas eu não posso transferir a minha experiência. Como eu gostaria de poder lhe dar a certeza de que você está tomando a decisão certa...

— Você acha que eu vou perder o Zé Otávio? – perguntou ela, abruptamente.

— Sinceramente? Não sei se vai perder, mas, com certeza, será uma séria fissura no relacionamento de vocês. Na cabeça dele não existe essa alternativa, e você sabe disso. Você já considerou a possibilidade de ter esse filho, de verdade?

Ela ficou quieta. A amiga continuou:

— Acho que vocês dois devem conversar mais. Não pode ser uma decisão sua ou dele. Vocês se gostam muito. Por você e por ele, tente ouvi-lo e peça pra ele tentar compreendê-la. Não joguem fora a vida de vocês. Não é só ter o filho ou não. Isto stá envolvendo o futuro dos dois.

Laís ouvia atentamente, as palavras de Regina calaram profundamente no seu íntimo. Ela, na verdade, não havia se disposto a conversar seriamente com o namorado. Regina tinha razão, ela estava decidindo sozinha. Se ao menos tivesse certeza absoluta do que queria...

IX

— Que surpresa! Os dois me visitando, um coitado esquecido e jogado para as baratas... que boas novas os trazem aqui?

— Nelsinho, como você é ingrato – respondeu Laís, abraçando o amigo.

— Nossa, que cara boa! Bem diferente das últimas duas semanas. Vamos entrem. Contem-me tudo.

— A Cláudia está aí?

— Está sim, tomando seus intermináveis banhos. Ela já vem.

— Melhor esperá-la – disse Laís, de forma muito amigável.

— Quem não vai agüentar sou eu! Vamos, desembuchem, depois contamos os três para ela.

— Eu e o Zé Otávio viemos aqui para comunicar ao casal que no próximo dia 18 de outubro vocês têm um compromisso solene e muito importante...

— Não me digam... – disse ele, surpreso. — Zé, vai ter casório? Amigão, você vai passar para a turma do lado de lá? Vai me deixar sozinho... sacanagem... com quem eu vou para as farras?

Todos riram.

— Que bom que vocês se acertaram. Fico feliz de verdade. Quando vocês decidiram?

— Ontem à noite. Fora os pais dela, você é o primeiro a saber. Daqui vamos para a Regina.

— Obrigado pela deferência. Mas vai ser casório legítimo?

— Vai, antecipou-se Laís. Pensamos em só morar juntos, mas para evitar mais problemas familiares, vamos casar direitinho, na igreja e tudo. Aliás, queremos vocês como padrinhos do religioso.

— Como seus pais reagiram? – perguntou Nelsinho, curioso.

— Num primeiro momento, levaram um susto. Tenho certeza de que minha mãe assustou-se com a idéia de ser avó. Mas reagiram bem. Minha mãe, no fundo, ficou feliz. Agora ela vai se ocupar com o enxoval, festa etc. Ela fez questão de tudo isso.

— Zé, e os seus pais?

— No fim de semana vamos contar para eles. Minha mãe vai achar bom, para ela seria um horror termos o bebê sem nos casarmos.

Mas, sabendo como ela é, tenho certeza de que não vai contar pra ninguém que a Laís está grávida.

— Bom, preciso pensar num presentão. Se bem conheço seu pai, a festa vai ser de arromba. – Com o olhar desconfiado, perguntou baixinho: — Vai ser de fraque?

— Vai... – disse Laís, rindo.

— Ah, não! Ah, não! Pô, Zé, sacanagem... já não basta um terno? Cláudia... Cláudia, saia do banho logo e venha aqui – gritou ele. — Vamos abrir aquele *champagne* que está guardado para uma grande ocasião. Vamos brindar a felicidade dos nossos grandes amigos e do bebê que vem vindo! Nelsinho abraçou o amigo com grande afeto e beijou Laís com carinho.

Nelsinho tinha razão, o casamento foi uma festa de arromba, com muita gente, finíssimo, regado ao melhor *champagne* francês, com música ao vivo e tudo o mais a que se tem direito. Zé Otávio ficou lindo de fraque, todas as amigas de Laís comentaram. Ele estava visivelmente feliz. Laís mostrava a barriguinha que só ela via, e dizia estar enorme. Regina abraçou a amiga e disse: — Você fez a coisa certa! Foram para a Europa em lua-de-mel.

X

Patrícia nasceu. Foi uma festa. Zé Otávio delirou com o nascimento da filha. Laís logo demonstrou que daria as coordenadas da educação da menina. Ela ia decidindo, sem perguntar a ele coisas básicas, como o berçário, onde colocá-la, levá-la ao pediatra. Zé Otávio, meio sem perceber, foi cada vez mais se voltando para o seu mundo, e Laís para o dela.

Nos últimos tempos, a relação deles estava muito tensa. Laís tinha uma posição verdadeiramente importante na multinacional. Zé Otávio vivia em seu laboratório. A agressividade e as cobranças dela cresciam vertiginosamente. O clima de animosidade ou de troca de farpas era uma constante. Laís reclamava muito, principalmente quando as coisas na empresa também encrespavam. Regina continuava sendo sua confidente, sentia-se à vontade, tinha com quem conversar, sem que viessem lições e sermões.

— Tudo bem, Laís? Você me deixou um recado para ligar, mas só o vi agora.

— Médio.

— Por quê? Algum outro problema com as pernas quebradas da Patrícia?

— Não, a minha filhota está se recuperando muito bem. Para você ter uma idéia, já está pulando feito uma macaca. O problema é o pai dela.

— De novo? O que foi dessa vez?

— Vem jantar aqui em casa, eu não suporto mais ver o Zé Otávio em frente do computador, preparando a maldita qualificação do doutorado dele. Ele anda insuportável e uma pilha, pois acabou de cair a ficha que só faltam dois meses para a tal apresentação. E você sabe, quando ele fica assim, vira um caramujo e, ainda por cima, mudo! Ele nunca foi dos mais presentes, mas agora está trancafiado e, quando sai, tenho vontade de jogá-lo pela janela.

— Nossa, pelo visto vocês tiveram uma discussão feia. Eu não posso ir hoje, o Nando vai sair e eu não tenho com quem deixar a Gabriela e o Guilherme.

— Traga-os aqui, assim eles distraem a Patrícia. Por favor, amiga.

— Mas eles dormem cedo. A que horas você chega?

— Saio mais cedo do trabalho, às seis horas está bem?

— Combinado.

Regina desligou o telefone e ficou pensando na amiga. As coisas entre ela e o marido não iam nada bem. No fundo, ela não se conformava com o fato de Zé Otávio não ter o sucesso profissional que ela desejaria enquanto ela estava crescendo rapidamente. Ele era muito mole para os padrões dela, e nada político. Não gostava de fazer alianças no departamento. Vivia para suas pesquisas, não se importava com a ascensão na carreira acadêmica, não queria ser chefe de nada, gostava de suas pesquisas. Era muito respeitado, mas dificilmente chegaria a professor titular. Não tinha perfil para isso. Continuava o mesmo Zé Otávio, quieto, comedido, centrado naquilo que realmente lhe interessava. Mas era impressionante como os colegas o respeitavam por sua capacidade intelectual, pela produção de artigos. Zé Otávio não incomodava os carreiristas, pois viam nele a chance de a pesquisa ser reconhecida no departamento deles!

Laís estava se tornando uma grande executiva da área farmacêutica. Ela gostava do sucesso, do poder, era ambiciosa e muito inteligente. Recentemente mudara de emprego, dobrara o salário, gerenciando uma divisão inteira na área de biotecnologia, o *filé* do setor. Virava e mexia ia para os Estados Unidos a trabalho, na matriz da empresa. Regina não sabia ao certo, mas Laís devia ganhar três vezes mais que o marido.

Esse casamento não vai longe, pensava ela. É inacreditável como pessoas que se gostavam tanto podem passar a ter interesses tão diferentes, irreconciliáveis.

Regina chegou ao apartamento da amiga com os filhos e ela ainda não havia chegado. Perguntou por Zé Otávio. Ele veio recebê-la. Assustou-se ao ver o amigo. Ele estava mais magro, abatido, com um ar cansado e a barba cerrada por fazer, dando a impressão de certo desleixo. Polidamente, ela evitou perguntar o porquê daquela aparência, pois ele jamais falaria nada. Foram ao quarto de Patrícia, que reclamava sem parar do gesso nas pernas.

Os dois conversavam amenidades enquanto as crianças se entretinham com o vídeo game. Inesperadamente Laís abriu a porta e, ao ver o marido ali, cumprimentou Regina, mas disparou de forma ferina:

— Para vir aqui ficar com a filha é preciso chegarem no mínimo três visitas. Regina, considere-se uma privilegiada, pois o *doutor* só reserva a honraria de largar o computador para os eleitos.

Zé Otávio enrijeceu o rosto e sua postura. Era patente a raiva que sentia. Regina sentiu-se incomodada com o jeito da amiga.

— Não liga não, Regina. A Laís está perdendo a noção de civilidade. Logo ela, tão fina – disse ele, irônico. — Já estou saindo. Foi bom vê-la. Abraço no Fernando.

Laís pareceu não se importar com o comentário do marido.

— Vamos para a sala, vamos. Nossa, só agora eu reparei que você cortou o cabelo, ficou muito legal. Você está ótima.

— O que está havendo? Por que esse clima de Guerra Fria? – perguntou ela, preocupada com o que acabara de ver.

— Eu não sei mais o que fazer com o Zé Otávio. Agora ele parece viver só para me contrariar.

— Como assim?

— Eu estou furiosa, furiosa. O papai está querendo nos dar uma casa, lá perto de onde eles moram, bem legal. Seria bárbaro para a Patrícia, mais espaço, jardim, piscina. O Zé Otávio não quer nem ouvir falar na história.

— Por quê?

— Por quê? Porque é um caipira pobre, metido a besta, um professorzinho universitário que ganha uma merda! Ele diz que manter uma casa assim está muito acima das nossas possibilidades, é muito caro. Caro para ele que tem orgasmos múltiplos com os animais do laboratório e com as divisões celulares!

Regina ficou impressionada de ver como a amiga foi se alterando à medida que contava o ocorrido. Tentou pôr panos quentes, desarmar o seu espírito. Mas não teve tempo, Laís continuou:

— Mas não acaba aí. Eu estava pensando em colocar a Patrícia na escola inglesa, acho que hoje é fundamental ter o inglês fluente como segunda língua. A escola é cara mesmo, mas a mamãe se propôs a pagar metade. É o futuro da nossa filha. Ele se opôs. Não quer um tostão dos sogros. Ainda por cima é orgulhoso. Pobre e orgulhoso.

— Laís, espera aí. Por um lado ele tem razão, ele não quer viver fora das possibilidades de vocês.

— Ah, não vem não! Pelo amor de Deus, não vai repetir o discurso embolorado, pequeno-burguês dele. Regina, eu tenho muito dinheiro, minha família é rica. Eu estudei nas melhores escolas, morei fora, falo inglês, francês e alemão fluentemente. Você sabe o quanto isso contou na minha carreira, na hora de eu arrumar emprego, como também agora. Ele sempre soube disso, eu abri mão de viajar, como estava acostumada, de ter um monte de outras mordomias. Mas eu não posso negar o que é meu e o que eu posso disponibilizar para a minha filha. Dar o melhor para ela. Por que não? Tenho de fingir que não tenho dinheiro, que sou pobre como ele?

— E a história de ter outro filho, ele desistiu?

— Nem me fale. Cada pau que nós tivemos, você sabe. Mas para mim é definitivo, eu não quero mais filhos, já cedi uma vez por causa dele e...

Regina interrompeu de maneira enérgica:

— Você se arrepende? Olha lá o que você diz.

Laís se recompôs e diminuiu a agressividade:

— Claro que não! Claro que não! Não me olhe assim, você me conhece, amo a Patrícia, é a melhor coisa da minha vida. Mas eu não quero mais ter filhos. Já tenho uma e não quero mais. Não acho bárbaro ficar grávida, muito menos agüentar choro de bebê. Já satisfiz meu instinto maternal com ela. Ele tem de respeitar a minha vontade também.

— Mas não é só a questão da grana que pega, né? Você queria que ele fosse...

— Mais ambicioso, socialmente mais brilhante – completou Laís. — É verdade, estou cansada de vê-lo feliz com seus artigos, com as trocas de experiências com centros não sei de onde, os mais *up to date* do mundo! E esse inferno desse doutorado. Ele não faz mais nada. Só lê, lê, lê, e escreve. Ai, Regina, o que eu faço? Tem horas que só de olhar para ele eu me irrito.

— Minha amiga, eu entendo o seu lado e o dele também. Não há fórmula. É necessário muita conversa, respeito, olhar o outro. Convivência é difícil. Minha avó dizia: "para se conhecer bem alguém é preciso comer um saco de sal juntos". O problema se agrava quando os dois se julgam absolutamente com razão e, num clima desses, cada um busca o seu caminho, e este é inevitavelmente solitário. Não leve tudo a ferro e fogo. Ele também está sofrendo e é muito mais introvertido que você; ao que me consta, ele só se abria com o Nelsinho. Ele tem falado com o Nelsinho?

— Acho que não. Faz tempo que o Nelsinho não vem aqui. Não disse que ele virou caramujo? Não sai mais de casa.

— Você se lembra da crise seriíssima que eu passei com o Nando? Faltou muito pouco para a gente se separar. As coisas ainda não estão perfeitas. A volta é sempre muito complicada, muito complicada e frágil. Por muito pouco não tínhamos mais volta. Cuidado com o que você fala. Você ainda quer investir no Zé Otávio?

Laís não disse nada, apenas baixou o olhar.

XI

A casa estava linda, toda decorada com flores brancas e amarelas, o barril de chope e o churrasqueiro já prontos para receber os convidados.

— Mãe, já chegou gente. Acho melhor você descer.

— Estou indo, Patrícia. Quem está aí?

— Não sei. Não conheço.

Laís desceu apressada as escadas. Estava nervosa; afinal, era a primeira "festa" que dava na casa nova e, além disso, estava completando trinta e cinco anos. Eu sempre gostei de festas, há quanto tempo não comemoro meu aniversário "direito"?

Rapidamente deixou esses pensamentos de lado, pois avistou dois funcionários seus com as mulheres. Fez muita festa para eles, realmente estava feliz em receber os "seus" amigos em casa. O jardim logo ficou cheio de gente.

Laís circulava feliz. De repente, deu-se conta que Zé Otávio ainda não aparecera. Enfureceu-se. Que cretino, justo no meu aniversário ele resolve dar uma de gostoso e não aparecer. Claro, vem o pessoal do laboratório. O bicho-do-mato vai se esconder. Onde será que ele anda? Subiu as escadas pisando duro, entrou no quarto. Ele estava deitado, com os olhos fechados.

— Vai me dizer que esqueceu que hoje tem festa aqui? Aliás, é o meu aniversário!

— Já vou descer. Estou com enxaqueca. Tomei remédio e estou esperando melhorar.

— Claro, claro. Muito conveniente essa sua dor de cabeça. Por sinal, providencial.

— Laís, por favor, eu já vou descer. Me dê um tempinho. Vamos tentar pelo menos manter algum clima agradável, pelos seus convidados. Não faça escândalo!

— Sei, sei, eu é que sou a escandalosa. Você apronta no meu aniversário e quer que eu acredite em sua desculpa esfarrapada.

— Pára Laís, por favor.

— Então desce logo, traste! Eu devia imaginar que você ia estragar o meu aniversário. Como eu sou burra! – e saiu do quarto batendo a porta.

Zé Otávio cerrou o cenho. Suspirou fundo. Mesmo com a cabeça latejando, resolveu descer, ia dar mais uns dez minutos. Se não, ela ia atormentar tanto que a enxaqueca seria fichinha.

Ao descer, encontrou Nelsinho e os filhos. Foi um alívio para Zé Otávio vê-lo. Abraçou o amigo.

— E aí, como você está? Tudo bem?

— Tudo. A sua cara é que não está nada boa.

— Estou com enxaqueca. Mas a Laís já subiu e fez seu *show*.

Nelsinho ficou quieto, mas olhou o amigo com olhar de censura.

— Eu não entendo... juro que não. Ela faz o diabo com você...

— Deixa para lá. Esse assunto não é para ser tratado numa festa. Me conta, como está vivendo seus primeiros dias de separado. *Free again*?

— Não é bem assim... – disse ele, sem graça. — Eu também achava isso, que bastava a gente estar sozinho que mulheres choveriam, todas lindas, maravilhosas, inteligentes, independentes, me desejando ardentemente.

— Ah! – disse Otávio, rindo. — Só no paraíso, amigo, só no paraíso... vamos circular, encontrar gente amiga.

No final da tarde só restavam os mais chegados, sentados em volta da churrasqueira. Laís estava feliz, a festa tinha sido um sucesso. Ela resolveu relaxar e juntou-se a eles. O papo corria solto. Regina perguntou:

— Feliz? Foi um sucesso a sua festa. Só faltou o bolo com parabéns.

— Isso não... – respondeu ela, sorrindo. — Nelsinho, que bom que você veio, mal falei com você... Como você está? Pelo visto, muito bem. Aliás, completamente sem nexo a minha pergunta. Olhe para a Regina, Nelsinho, ela não está ótima? Claro, livrou-se do peso do Nando. Se eu tivesse separada também estaria feliz, livre... com essa cara rejuvenescida.

O silêncio que se seguiu foi constrangedor, mas Laís não se intimidou.

— Eu vivo dizendo para a Regina escolher direito, porque errar a gente tem direito a uma só vez. Insistir no erro é burrice.

Tentando aliviar o ambiente, Regina perguntou para Zé Otávio como tinha sido o congresso na Escócia, no qual ele apresentou um trabalho. Antes que ele pudesse responder, Laís se adiantou e disse num tom absolutamente irônico:

— Como sempre, sucesso de crítica, segundo fiquei sabendo. Ainda bem que pagam a passagem dele e a estadia. O grande pesquisador do nada! E deu uma gargalhada sarcástica. Se ele trabalhasse de verdade, numa empresa como a minha, já estaria na rua há muito tempo. Lá nós patrocinamos pesquisadores de verdade, aqueles que conseguem resultados. Diletantismo, hipóteses que não se confirmam, só na universidade... mestres, doutores, pós-doutorados, intelectualmente brilhantes, totalmente inaptos para a vida. Ainda bem que pessoas assim são relativamente baratas para nós contribuintes... ganham uma ninharia!

O constrangimento era generalizado.

— Chega Laís, por favor – falou Zé Otávio, suplicando para que ela parasse.

— Vejam, eu toquei no nome dele? A carapuça serviu, meu amor – disse ela absolutamente mordaz. — Você não se encaixa nessa ralé... ou estou enganada?

Diante da situação, Nelsinho disse que ia embora. Regina, prevendo o que ia acontecer, pediu para Laís levá-la até a casa, queria pegar suas coisas.

Mal ficaram sozinhas, Regina explodiu:

— Você está extrapolando. Você não pára de agredi-lo gratuitamente, na frente de todo mundo. Laís, você o humilhou muito.

— Foi? disse ela irônica. Não percebi. Só falei a verdade.

— Laís, pára com essas atitudes absolutamente idiotas. O que você ganha agindo assim? Você está arrasando o seu marido e pai da sua filha!

— É, essa carga não dá para mudar! Só espero que ele não seja o modelo masculino dela.

— Chega, Laís. Você está louca. Por que você não se separa? Acaba com essa tortura!

— Nem morta, meu bem. Eu fui muito burra, não vou dividir tudo o que tenho com esse animal. Ele que me agüente! Com o dinheiro que ele ganha, nem um quarto e sala ele consegue alugar, ainda mais tendo de dar pensão para a filha.

— Laís, e você, como fica nessa? Você odeia o Zé Otávio.

— Odeio sim! Odeio! Ele é um fraco, um intelectual que só faz sucesso com seus dois ou três pares. Ele é um fracassado, um medíocre para a vida, que tem de levantar as mãos para o céu por ter uma mulher como eu para lhe dar teto e comida. Eu dei certo, e nem preciso do dinheiro do meu pai para sobreviver. E esse merda? Ele só pensa nas pesquisas dele. Ele me ignorou a vida toda e a filha dele também. Ele não suporta o fato de eu ser rica e bem-sucedida e de ele ganhar uma ninharia e ter uma filha que não se orgulha do pai. O brilhantismo dele não deu em nada... nada!

— Pára, Lais! Você está se destruindo... Ninguém é obrigado a ficar com ninguém. Laís, você pode encontrar alguém, você tem de ser feliz. Sua filha, com certeza, terá uma cabeça mais saudável vendo vocës dois separados, mas felizes; esse peso é de vocês, e não dela! Além disso, você sabe que homem não fica sozinho, desse jeito ele arruma outra e...

— Que os anjos digam amém! Quem vai querer esse traste e, ainda por cima, pobre? Não amiga, desse mal eu não morro. Ele acabou com a minha vida. Agora eu acabo com a dele!

XII

— Dona Laís, o sr. Zé Otávio ligou dizendo que não vem jantar. Posso servir?

— Claro. Estou com fome. A Patrícia não voltou da casa da amiga?

— Não senhora.

— Ela ligou?

— Ligou e disse que vai dormir lá.

Laís perdeu a fome. Ia jantar sozinha, de novo. Odiava comer sem companhia. Onde será que o infeliz do Zé Otávio andava? Era a quarta vez em duas semanas que ele não vinha jantar, telefonava avisando que não vinha jantar, mais nada. Será que estava com Nelsinho? Não, não poderia: ele e Regina estavam juntos, e felizes como dois adolescentes! Deve estar discutindo o DNA de alguma bactéria... com um futuro prêmio Nobel... deu uma gargalhada sozinha... Prêmio Nobel! Prêmio Nobel!

Zé Otávio chegou por volta da meia-noite. Laís o esperava, morta de ódio. Ele entrou e foi direto para o banheiro. Ela fingiu não perceber. Quando ele saiu do banheiro, ela atacou:

— Tarde, não? Você perdeu seu relógio?

Ele não respondeu, irritando-a ainda mais.

— Você é tão idiota, quer que eu acredite que está chegando tarde porque arrumou outra... quem ia querer um cachorro enjeitado? Só outra cadela enjeitada!

Ele continuava quieto.

— Onde você estava, seu merda? Fala!

Ele pegou seu travesseiro e ia saindo do quarto.

— Valente, não? Vai dormir na sala? Que medo...

Vendo que ele não reagia, ela pulou na frente dele e abriu com força a blusa do pijama dele.

— Deixa eu ver se está com cheiro de puta!

— Me deixa, Laís, por favor! – disse ele num tom cavernoso, retirando o braço dela com raiva.

— Não me diga que você ousou sair com uma puta!

— Me deixa — disse ele, empurrando-a com força.

— Seu animal! Pelo jeito o macho adormecido despertou, possivelmente com uma vaca. Você brochou, não foi? Ela viu seu pintinho murchinho, encolhido, com medo de mulher!

— Cala a boca!

— Imagino a cena... você tentando provar que é macho, implorando para não fazer feio... e ela ali, esperando e nada!!!

— Laís, cala a sua boca! – disse ele, enfurecido. — Eu falei para você calar a boca! – repetiu, transtornado.

Laís deu dois passos para trás e recuou, nunca tinha visto Zé Otávio daquele jeito. Seu olhar era de fúria. Ela ficou com medo.

Ele foi para o banheiro. Ela sentou-se na cama. Sentiu um ódio imenso dele, do casamento, da vida dela... era capaz de dar nele, tinha vontade de quebrar tudo à sua volta. Respirou fundo e foi se recompondo aos poucos. Ah, cafajeste! Se está valente assim é porque sentiu cheiro de mulher nova. Imagino a rampeira com quem ele saiu. Pagar para ter sexo, só assim ele consegue alguma coisa.

Zé Otávio abriu a porta e a encarou fixamente. Seu olhar era de desprezo. Laís sentiu-se intimidada. Não disse uma palavra e saiu do quarto, levando seu travesseiro. Laís recostou-se, com a sensação de que ele a estava desafiando. Ah, seu merda, pensou ela, não ouse fazer isso, não ouse! Eu acabo com você, nem que para isso precise acabar com tudo.

XIII

Nas semanas que se seguiram, Laís virou um verdadeiro cão farejador atrás de Zé Otávio. Ligava para a faculdade várias vezes, só para ver se ele estava realmente lá. Remexia nos bolsos dele, nos seus papéis. Por mais que ela fizesse escândalo, ele não falava nada. Isso a exasperava. Dentro de casa, parecia um fantasma, só falava quando estava com a filha. Alíás, para espanto de Laís, os dois estavam se aproximando bastante, o que necessariamente a excluía, causando-lhe ainda mais rancor. Às vezes, quando ela o intimidava, ele só dava um sorriso irônico e completava, dizendo que tinha pena dela, muita pena. É outra, concluiu ela. Só pode ser. O imbecil está de caso com alguém, se encantou com alguma aluninha, que deve achar ele o máximo! Ridículo, esbravejou ela. Mas, eu vou descobrir... acabo com essa farra em dois tempos.

Sem ele saber, pegava táxis, ficava à espera dele na saída do trabalho e seguia-o. Mas, para azar dela, por algumas vezes os motoristas não conseguiram seguir o carro do marido, perdendo-o de vista. Numa dessas vezes, ele não voltou para casa. Laís enlouqueceu. Ligou para meio mundo atrás dele, inclusive para a sogra em Piracicaba.

Pôs todo mundo em polvorosa. Patrícia estava desesperada, ao ver o estado da mãe procurando o pai.

Por volta de uma hora da manhã, Zé Otávio chegou. Ao abrir a porta viu seus sogros, Nelsinho, Regina e mais outros amigos na sala ao lado de Laís. Ele ficou muito assustado, principalmente por não ver Patrícia.

— O que houve? – perguntou ele, aflito. O que está acontecendo?

— Nós é que perguntamos – respondeu seu sogro, zangado.

— Não estou entendendo. Cadê a Patrícia? Cadê a minha filha?

— Onde você estava até agora? Já íamos sair para procurar você em hospitais... – continuou o pai de Laís, num tom ríspido.

— Como assim? Vocês estavam aqui à minha procura?

À medida que falava, olhou para Laís e ficou claro que ela tinha armado aquele circo. Foi invadido por um ódio cego. Foi andando em direção a ela, que, ao perceber a aproximação, levantou-se e foi para a cozinha, na tentativa de evitar o confronto.

— Você ficou louca? Que palhaçada é essa? – Ele falava profundamente alterado, ameaçador.

— Claro, disse ela, entre lágrimas. — Você sumiu, saiu da faculdade às cinco horas e eu fiquei desesperada, imaginando coisas horríveis... – mudando completamente a entonação, voltando a dominar a situação, disse altiva: — Agora que sei que nada de mal aconteceu, por onde você andou?

— Sua ordinária, sua ordinária...

— Diga, diga! – falava ela, com a voz trêmula. — Devia estar com alguma vagabunda, abandonando a mim e à sua filha. Estão vendo, agora é assim, me larga, me deixa desesperada e depois eu é que sou a louca!

— Vamos parar com essa baixaria – disse enérgico o pai de Laís. Chega! Vamos embora. O José Otávio chegou bem, está todo mundo de cabeça quente e cansado.

O ambiente era horrível, ninguém sabia o que fazer. Nelsinho olhou para Zé Otávio tentando lhe dar uma força. Ele está numa bela enrascada. Coitado do meu amigo... nunca pensei que a Laís fosse capaz de fazer uma cena dessas... quem diria. Eu teria dado nela. Que mulher horrível.

Nessa confusão, Patrícia acordou e, ao ver o pai, começou a chorar. O clima ficou mais tenso ainda. Zé Otávio subiu as escadas e foi consolar a filha, sentindo-se tremendamente humilhado, as lágrimas vertiam incontroladas pelo seu rosto. Estava tentando raciocinar, tentando não perder a cabeça, o que era verdadeiramente difícil.

Depois que Patrícia se acalmou e as pessoas foram embora, Laís subiu e foi ao encontro do marido. Ele estava arrumando suas coisas numa mala. Ela olhou, perdeu a respiração e fingiu não ver o que ele fazia. Tentou, com a voz mansa, reverter a situação:

— Zé, me desculpe, eu fiquei apavorada...

Ele olhou-a com desprezo. Não disse nenhuma palavra.

— Zé... por favor, eu não sabia que ia ser esse barraco.

Ele não desviava o olhar, ela sentiu o quanto ele estava transtornado.

— Zé, me ouça, por favor. Eu imploro – disse ela, chorando.

Laís olhava atônita. Ele continuou colocando algumas roupas na mala. Sem dizer qualquer palavra ou olhar para ela, pegou suas coisas e dirigiu-se para a porta. Ela, ao perceber o que ele ia fazer, colocou-se em frente à porta, impedindo-o de sair. Enfrentava-o.

— Onde você pensa que vai? Não, lindinho, não é assim, não! – disse ela, ameaçadora.

— Laís, saia daí, por favor – ordenou ele.

— Não, você não vai me abandonar! Nem a mim, nem a sua filha!

— Laís, pelo amor de Deus, saia daí! – falou ele, elevando a voz.

— Quem é ela? Quem? Seja macho, vamos diga. Se você disser, eu deixo você ir.

— Laís, eu estou perdendo a cabeça, eu vou fazer uma besteira. Sai daí! – berrou.

— Só se você disser quem é a vagabunda que está tirando um pai de família de casa.

Ele se descontrolou e deu um safanão nela, agarrando-a e jogando-a com força para longe. Ela caiu no chão, chorando compulsivamente. Ele abriu a porta e saiu. Ela correu atrás dele, completamente descontrolada, agarrou-o pelo braço.

— Você está de cabeça virada, você não vai jogar nossa vida fora por causa de uma qualquer, vai? Zé – disse ela, num tom de súplica. — Eu vou fingir que ela nunca existiu, ela não vai destruir nosso casamento, não vai, não vai. Eu não permito que você faça besteira, sou eu, a sua mulher, aquela com quem você jurou ficar até o fim de seus dias. Zé, eu perdôo você, do fundo do meu coração. Perdôo... perdôo.

Zé Otávio mudou-se para um *flat* e pediu a separação.

O Olhar do Psicólogo...

Quem é ela?

Dulce

Dulce não podia acreditar: era seu primeiro dia de trabalho, registrada em carteira como assistente social. Finalmente, tinha conseguido um trabalho no hospital. Era uma vitória, uma conquista enorme. O salário não era lá grande coisa, mas permitia que ela e Leonel já pudessem pensar seriamente em marcar a data do casamento. Embora ele trabalhasse no banco há algum tempo e estivesse terminando administração de empresas, sabia que não teria grandes aumentos no médio prazo. Agora, os dois iam juntar seus salários, dava para pensar mais longe. Esse era o trato entre eles, o objetivo do casal que namorava há anos.

A vida no hospital era muito dinâmica. O vai-e-vem de médicos, enfermeiras, a rotina alterada diariamente. Por estar localizado numa área afastada, de subúrbio, não havia praticamente comércio, lanchonetes. Passava-se o dia inteiro dentro do hospital. Uma nova ala estava sendo construída, anexa ao prédio existente. Um novo refeitório foi inaugurado, e nele almoçavam e jantavam os funcionários. Para evitar sobrecarga no horário de pico, a administração estabeleceu horários diferenciados para o almoço. Todos os dias, ao meio-dia e meia, Dulce descia para o refeitório. Encontrava sempre as mesmas pessoas, que se sentavam em grandes mesas coletivas. Dulce, não era das mais expansivas e, para falar a verdade, não gostava muito de almoçar com pessoas de cargos inferiores ao seu. Os médicos formavam uma verdadeira panela e não abriam a roda para ninguém. Dessa forma, almoçava quase sempre sozinha. Apesar disso, Dulce aproximou-se muito da dra. Adelaide, uma médica cardiologista que fazia residência no hospital. Ficaram grandes amigas, de trocar confidências. Na medida do possível, almoçavam juntas. Certo dia, Dulce já estava almoçando, quando uma voz masculina grave perguntou-lhe:

— Posso sentar-me aqui?

Ela olhou para aquele homem alto e magro, moreno, de rosto quadrado, que jamais havia visto, e respondeu:

— Sente-se, fique à vontade.

Os dois não se falaram mais. Dulce só queria saber quem seria aquele homem, pois não era médico. Olhou-o algumas vezes, achou-o bonito, daquele tipo que dá trabalho para uma mulher. Acabando seu almoço, levantou-se e saiu do refeitório.

No dia seguinte, Adelaide estava no hospital e conseguiu ir almoçar com a amiga. Sentaram-se no canto preferido de Dulce e Adelaide contava, às gargalhadas, do fulano com quem ela tinha saído na noite anterior. Saía com o tipo pela segunda vez, um advogado babaca e, depois de uma discussão sobre o papel da mulher no casamento, dissera que ele não era contra a esposa sair para trabalhar, desde que não atrapalhasse as suas funções de esposa e mãe... Adelaide imitava o tom de voz magistral do *doutor advogado* e ria muito, imaginando quais seriam as funções dessa "santa" mulher. Nem perceberam quando dois homens se aproximaram, e o mais velho perguntou:

— Podemos nos sentar?

Dulce reconheceu o homem do dia anterior. Adelaide, sem dar grande importância, respondeu mecanicamente:

— Claro. – E continuou contando o caso do dr. Francisco, o aspirante a juiz.

Os dois homens conversavam. De repente, Adelaide, que já finalizara a epopéia do seu encontro com a figura togada (expressão dela), deu-se conta dos dois rapazes sentados na mesma mesa que elas. Com seu jeito despachado, foi logo perguntando:

— Quem são vocês? Não são médicos. Para estarem almoçando aqui... São funcionários novos da administração? Nunca os vi...

Luís Roberto, o mais velho e alto, deu um sorriso:

— Não, não somos médicos, nem funcionários do hospital. Trabalhamos na obra de ampliação e da construção da nova ala do hospital.

— Ah! – disse ela... — Mas vocês não têm cara de peão!!! – e deu uma sonora gargalhada.

Luís Roberto, sentindo-se totalmente à vontade com a espontaneidade da médica, esclareceu:

— De certa forma, também somos peões. Somos os engenheiros da obra. Eu sou o engenheiro responsável e este aqui, o Laércio, o engenheiro irresponsável.

Todos riram.

— Quer dizer que seu nome é engenheiro responsável? – Adelaide soltou mais uma de suas vigorosas gargalhadas, descontraindo totalmente a conversa.

— Não, doutora, eu sou o Luís Roberto. E vocês, quem são? Pacientes em estado terminal ou já em processo de recuperação?

As apresentações foram feitas e os quatro conversaram durante o almoço. Luís Roberto acabara de ser designado para o cargo, e por uma série de problemas no andamento da obra, ele e Laércio acompanhariam tudo de perto. Adelaide e Dulce contaram sobre a vida no hospital, a "internação" a que se submetiam, pois não havia qualquer alternativa de distração ou de consumo pelas redondezas.

Adelaide falou muito mais do que Dulce. Luís Roberto era um sujeito espirituoso, engraçado mesmo. As amigas divertiram-se naquele breve período de tempo. Acabada a refeição, as duas pediram licença e voltaram ao trabalho.

No elevador, Adelaide comentou:

— Simpático e divertido o engenheiro-chefe. Você não achou?

— Sim – respondeu quase que automaticamente. Depois de alguns segundos, completou. — Um pouco *pavão*, mas simpático.

A porta abriu no 6º andar e Adelaide desceu; Dulce fez o mesmo no 8º andar.

II

Numa segunda-feira chuvosa, Dulce chegou para trabalhar no horário de sempre. Em vez de cumprimentar os colegas com um bom-dia quase mecânico, como fazia habitualmente, abriu um sorriso enorme, e chamou a cada um pelo nome e lhe desejou bom-dia. Essa atitude, no mínimo inusitada, provocou a curiosidade de muitos.

— Feliz, hein? O que deu em você? Ganhou na loteria? Duas colegas quiseram saber o que acontecia.

— Meninas, meninas. Vejam só o que aconteceu. Vocês não vão acreditar!!!

— Dulce, isto é uma aliança e um anel de brilhantes!!! Você... você ficou noiva? – perguntou Sueli, uma auxiliar de enfermagem.

— Sim, sim. Eu não estou acreditando. O Leonel me fez uma surpresa ontem – falava ela, toda excitada. — Imagine, no sábado à noite, quando ele chegou em casa, perguntou para minha mãe se ela poderia fazer lasanha, meu prato favorito, carne recheada no forno e pavê, para o almoço de domingo, pois estava doido de vontade de ter um almoção daqueles. O almoço de domingo lá em casa é sagrado, vem meu irmão casado, meus sobrinhos, minha tia. Minha mãe concordou e já que ia fazer lasanha, disse ao Leonel para convidar os pais dele, pois o meu sogro é doido por lasanha. No domingo, achei a minha irmã Marta um pouco estranha, estava num corre-corre. Ela me fez levantar cedo, limpar a casa. Foi à feira, comprou frutas e até um maço de palmas. Próximo à hora do almoço, pediu-me para pôr a mesa, com a melhor toalha lá de casa; arrumar a sala. Na hora de eu me vestir, olhou-me e disse:

— Ah, não senhora! Pode tirar esse jeans velho e colocar um vestido legal.

— Pra quê?

— Ora, pra quê! Tem graça, os pais do Leonel vêm almoçar aqui e você com cara de domingo de chuva!

— E daí? Eu me visto assim. Eles me conhecem há anos. Meu bem, você quer que eu me emperiquite toda, como se fosse a uma festa?

— Não, sua boba. Óbvio que não. Mas não custa dar uma caprichada. O Leonel, com certeza, vai ficar feliz em ver você arrumada para receber os pais dele.

— Sem estar muito convencida com a argumentação da minha irmã, vesti uma roupa melhorzinha. Por volta de uma hora, o Leonel chegou com os pais e o irmão.

— E aí, menina? – perguntou Sueli, já impaciente.

— Bom, almoçamos normalmente. E, antes da sobremesa, o Leonel levantou-se e, aproveitando a presença de todos, me pediu em casamento e pediu licença para que ficássemos noivos naquele momento. Eu olhava para o Leonel fixamente e não via nada. À medida que ele ia falando, a cena toda parecia irreal. Meus olhos encheram-se de lágrimas... minhas mãos tremiam, as pernas bambeavam. Meu pai olhou pra mim, embevecido, e deu um grande abraço em Leonel. Ele tirou as alianças do bolso e colocou uma no meu dedo e outra no dele.

Estava totalmente atônita quando o Leonel tirou uma caixinha do bolso e me deu. Quando abri, não acreditei, era esse anel de brilhantes! Não agüentei, comecei a chorar. Esse homem não existe! Ainda bem que ele é o meu noivo!

Sueli ficou comovida com a história. Completou:

— Ele já falou em marcar a data?

— Já! Já! Ele está pensando, se tudo der certo, para daqui a dois anos.

— Acho que tem gente que não vai conseguir trabalhar direito hoje... – completou Sueli com um ar benevolente. — Agora deixa eu ir, pois eu não estou noiva, não vou me casar, não estou feliz como você, e o 201 está chamando. Felicidades, querida, de coração.

Dulce olhou pela janela. Sentia-se radiante. Estava doida para contar para Adelaide, mas ela só entrava à uma hora. Tinha certeza de que ela iria vibrar com a novidade. Dulce: agora você é uma mulher comprometida. Olhou para a aliança e acariciou-a.

III

Adelaide chegou atrasada para o seu plantão. Dulce foi sozinha para o refeitório. Ao chegar, viu Luís Roberto na fila, sem Laércio. Sentaram-se na mesma mesa. Luís Roberto percebeu sua irradiante felicidade. Não resistiu e perguntou qual o motivo daquela alegria contagiante. Um pouco surpresa com a pergunta, respondeu meio sem jeito:

— Eu fiquei noiva ontem. Eu não esperava. Foi uma surpresa.

— Que bom! – disse Luís Roberto, num tom amigável. — Vocês namoram há muito tempo?

Empolgando-se com a curiosidade do colega, foi contando tudo com detalhes.

— Nos conhecemos desde criança, namoramos há mais de seis anos. Temos a mesma idade. Ele trabalha num banco e estuda à noite. Ele é maravilhoso.

A conversa prosseguiu animada e Dulce sentiu-se à vontade para perguntar sobre a vida do engenheiro. Ele acabara de completar vinte e oito anos, estava casado há quase dois anos, tinha um filho pequeno (tirou a carteira para mostrá-lo, orgulhoso) – o João Carlos. Conversaram por quase uma hora. Quando Dulce deu-se conta, levantou-se apressada, estava em cima da hora.

— Tchau, Luís Roberto – disse, com um largo sorriso.

— *Bye*, menina feliz! – respondeu sem ter certeza de que ela tivesse escutado. Fitou-a enquanto ela dirigia-se para a porta de saída. Espero que continue sentindo-se sempre assim... Sem se dar conta, lembrou-se de seu noivado: uma grande festa a rigor, tudo tinha sido previamente acordado, sem surpresas, uma grande festa, conforme o desejado pela família de Julieta.

No meio da tarde, Dulce não agüentou e foi procurar Adelaide para contar a grande novidade. Adelaide estava num dia péssimo, com enxaqueca. Ouviu a amiga sem muito entusiasmo, deixando-a decepcionada.

— Adelaide, você não achou o máximo o que o Leonel fez? A surpresa que ele me preparou?

Adelaide não respondeu, recostou-se na cadeira e levou as mãos à cabeça, friccionando a testa.

— Adelaide... não estou entendendo... pensei que você fosse vibrar. Poxa, afinal, eu fiquei noiva, eu vou me casar!

Visivelmente irritada, a médica olhou para a amiga e com a voz levemente alterada:

— Você quer mesmo saber? Eu acho uma besteira essa coisa de noivado. Uma coisa careta e tonta! O que é ficar noivo? O que muda? Que agora o Leonel pode passar a mão no seu peito? Acariciá-la, mas sem tirar a calcinha?

— Adelaide....... que horror! Claro que não! – exclamou, indignada.

— Por acaso agora você vai dormir com ele porque está noiva?

— Pare! Que coisa absurda você está falando! – completou, ruborizada e muito zangada.

— Desculpe-me. Eu estou péssima, com dor de cabeça, irritada com essa droga de hospital; enfim, com o mundo. Eu não devia ter dito essas coisas, mas eu acho uma bobeira essa coisa de ficar noivo. Não quer dizer nada. Aliás, eu teria ficado muito brava, pois o Leonel não perguntou se você queria ficar noiva. Bem machista a atitude dele.

Percebendo a cara de tristeza da amiga, mudou o tom.

— Ôoo, Dulce, desculpe-me de verdade, eu estou azeda, cítrica, embolorada. Claro que é legal você estar noiva, você está feliz. Eu nunca ficaria noiva... mas esse é um problema meu. Levantou-se e deu um grande abraço na amiga. Quero ser madrinha do casório, tá? Aliás, faço questão de ser.

Dulce sentiu-se atordoada com a atitude da amiga. Não sabia que ela tinha uma cabeça tão diferente da sua, como dizia ela, mais aberta. Ela não era mais virgem. Já tivera relações sexuais com dois namorados. Mas queria se casar, estabelecer uma família, como uma moça "normal". Dulce achava-a muito liberal. O Leonel a conheceu e gostou dela, mas com a ressalva de que ela era muito "pra frente", liberal demais. Imagine se ele soubesse que Adelaide não era mais virgem e o que falara sobre o noivado. Faria muitas restrições à amizade delas.

O ocorrido realmente não abalou a amizade das duas. Na semana seguinte Adelaide saiu de férias. Dulce sentiu-se muito sozinha no hospital; afinal, tinha poucos amigos no ambiente de trabalho.

Com a ausência de Adelaide, Dulce, passou a almoçar todos os dias com Luís Roberto. Divertia-se com ele. Ele perguntava sobre Leonel, os projetos dos dois. Dulce só achava engraçado ele praticamente não tocar no nome da esposa. Aliás, ela deu-se conta de que nem sabia o nome dela. Do filho, falava sempre, deliciava-se ao contar as peripécias do João Carlos, suas peraltices. Sua vida parecia muito intensa, cheia de momentos prazerosos. Porém, não tocava no nome da esposa. Por que será que ele não se refere a ela?

Num final de tarde, chovia torrencialmente. Dulce esperava o ônibus há mais de uma hora. Estava ficando nervosa com a demora. Já era noite escura e o número de pessoas esperando a condução diminuíra sensivelmente. Resolveu ir de táxi, por mais que isso pesasse em seu orçamento, mas não havia nenhum. De repente, viu um carro passando bem devagar e esperando junto ao meio fio. Recuou, mas a janela do carro abriu-se e viu Luís Roberto.

— Quer uma carona?

— Para onde você está indo?

— Com essa chuva, com certeza, qualquer lugar é melhor do que ficar aqui parada. Entra logo, menina.

Sem pensar muito, entrou no carro. Respirou aliviada.

— Luís, não quero atrapalhar, me deixe em algum lugar onde possa pegar um táxi, ou onde haja mais condução.

— Para onde você está indo? Para casa? Você mora no Jaguaré, não é? Eu estou indo para Pinheiros, não é tão longe assim, eu levo você.

— Nem pensar! É muito fora do seu caminho...

— Imagine. Eu posso desviar e vou por dentro, é muito perto do caminho habitual. E agora, quietinha, pois eu vou levá-la e pronto. Não vai me custar nada.

Já convencida (e agradecida) pela carona, tentou retrucar. Luís Roberto foi incisivo e ela entrou no carro.

Quando chegaram na casa dela, a chuva tinha diminuído um pouco. Agradeceu sinceramente o trabalho de tê-la levado. Perguntou se ele não queria entrar, torcendo para que ele dissesse não.

— Não menina, fica para uma próxima.

— Obrigada. Se você não tivesse aparecido, acho que ainda estaria lá.

— Que nada, foi um prazer poder ficar conversando tanto tempo com você. De verdade! Tchau menina, tenha bons sonhos. Boa noite.

Dulce entrou em casa, muito agradecida e encantada com a gentileza de Luís Roberto. Que cara legal, pensou ela.

Ao entrar, deu de cara com Leonel que, por causa da chuva, não fora para a faculdade. Ele estranhou ela não estar molhada. Antes que ele perguntasse alguma coisa, foi dizendo:

— Veja só que sorte, consegui uma carona! A dra. Magali me trouxe; se não fosse ela, estaria lá até agora.

Não gostava de mentir, mas sabia que Leonel jamais aceitaria que ela pegasse carona com um homem, ainda mais casado.

Os dois continuaram almoçando juntos todos os dias. A intimidade entre eles crescia. Dulce ia revelando sua vida, seus sonhos, suas aspirações, e Luís Roberto também. Ela falava de Leonel, mas com certa reserva. Era o único assunto que ela não sentia vontade de comentar. Luís Roberto também não falava na mulher. Eventualmente referia-se a ela. Uma única vez deixou escapar que seu nome era Julieta.

Num dia de muito frio, por volta das cinco horas, tocou o telefone na sala dela. Era Luís Roberto oferecendo-lhe carona. Ela ficou surpresa. Mas ele explicou rapidamente:

— Dulce, está superfrio, e eu vou até a casa de um primo, que é bastante próxima da sua casa. Quer aproveitar?

Ela não pensou muito e aceitou. Ufa! Que alívio. Chegar mais cedo em casa... Pegou o telefone para ligar para o Leonel. Não terminou a ligação. Não, melhor nem avisar, ele não ia entender o quanto o Luís Roberto era gentil. Leonel já implicava com ele, sem conhecê-lo, imagine se soubesse que ele estava lhe dando carona. Briga feia, na certa.

No longo caminho, Luís Roberto perguntou sobre Leonel. Sem saber muito bem por que, sentiu-se um pouco constrangida. Respondeu às perguntas, com frases curtas, não querendo esticar a conversa. Luís Roberto insistiu: como era o Leonel? Há quanto tempo namoravam? O casamento quando seria? Dulce acabou respondendo, mas assim que pôde, desviou a conversa.

Lá pelas tantas, Luís Roberto comentou com Dulce que tinha se matriculado em um curso de inglês, à noite, duas vezes por semana, pois para ele era importante o conhecimento de outra língua.

— Por que você também não se matricula no mesmo curso?

— Eu??? – perguntou ela realmente espantada com a proposta de Luís Roberto.

— É, você mesma. Menina, eu acho que saber inglês será uma necessidade logo, logo.

— Mas o que eu faria com o inglês? – perguntou, sem pensar muito no que falava.

— Ah! – disse ele, sério. — Saber uma outra língua é sempre muito bom, ao menos estaríamos entendendo a música que está tocando no rádio!

Dulce sorriu.

— Antes de fazer inglês eu tenho outras prioridades, como, por exemplo, comprar móveis, juntar um dinheiro para o casamento que, se Deus quiser, não vai demorar.

Luís Roberto não insistiu. O papo voltou a fluir. Dulce sentia-se muito à vontade com ele. Ele deixou-a na porta de casa. Ela rezou para que ninguém a visse chegando com o engenheiro. Não era por nada, mas se alguém a visse, teria de dar explicações, e sempre há comentários maldosos. Despediu-se de Luís Roberto, agradecendo muito. Ele deu um sorriso largo e disse:

— Você não imagina como foi agradável trazê-la. Acho que virei mais vezes até o meu primo. Sempre que vier, faço questão de lhe dar uma carona.

Dulce sentiu que enrubesceu. Agradeceu mais uma vez e saiu do carro. Entrou em casa.

IV

No dia seguinte, Dulce levantou-se agitada, de mau-humor mesmo. Droga, pensou ela. Estava inquieta. Na noite anterior Leonel mandou um recado pela vizinha, que tinha telefone, que não viria. Estava muito frio e garoando. Ela tinha ficado muito brava com o noivo.

No final da tarde, quando já se preparava para ir embora, Luís Roberto apareceu em sua sala, com um sorriso largo.

— Menina, eu vou para o curso de inglês, você não quer uma carona até o centro?

Ela balançou a cabeça, numa leve negativa.

— Não, eu pego o ônibus mesmo. Vou me sentir abusando da sua boa vontade.

— O quê? Menina, não me custa nada. E para você, significa chegar mais cedo em casa... ficar linda para ver o noivo. Vamos, senão eu não consigo chegar no horário...

Dulce percebeu que tinha corado...

— Mas...

— Mas, nada! Vamos: 1, 2, 3!

As caronas passaram a ser diárias. Dulce já o esperava no final do dia. Era um período divertido e ela, algumas vezes, sentia-se surpresa com a intimidade que eles tinham. Ela lhe contava tudo. Ele, por sua vez, quase não falava de si mesmo, muito menos na sua vida de casado. O filho, João Carlos, estava presente, mas parecia que o menino não tinha mãe. Por que seria?

Adelaide voltou das férias. As duas amigas conversaram muito. Dulce contou as novidades do hospital, as últimas fofocas, as caronas do Luís Roberto. Adelaide, lá pelas tantas, ficou calada, apenas fitando a amiga. De repente, disparou:

— E o Leonel? Ainda está vivo?

— Como? Não entendi.

— Ah! Dulce, você nem tocou no nome dele! Parece que o seu noivo é o Luís Roberto!

Dulce assustou-se.

— Você ficou doida?

— Não querida, doida está você pelo Luís Roberto.

— Pára com isso! Não sei de onde você tirou essa idéia maluca!

— Da sua boca, das suas palavras, querida. Você me contou.

Dulce ficou quieta, muito brava, sentiu-se indignada.

— Credo, Adelaide, você vê maldade em tudo. Não quero me aborrecer, por isso, não fale mais essas besteiras. Certo?

— Dulce... Dulce... a gente não pede para gostar... acontece... Você está se envolvendo com esse cara...

— Por favor! Já pedi. Não quero ouvir falar desse assunto.

Dulce sentiu-se esquisita o resto do dia. Ficou com raiva da amiga. Será que ela estava com inveja do noivado dela? Afinal... ela não tinha um namorado pra valer, desde que elas se conheceram. Não... ela devia estar tirando sarro. Ou de muito mau humor por ter voltado ao trabalho.

No final da tarde, Luís Roberto, como de costume, abriu a porta da sala e disse:

— Pronta, menina?

Durante o percurso, Dulce estava calada. Luís Roberto tentou brincar com ela, sem muito sucesso.

— Menina, se eu lhe pedir um favor você faz?

Dulce olhou surpresa para ele.

— Eu preciso comprar um presente para uma prima. Será que você vai comigo até uma loja me ajudar a escolher? É rápido. Para você não se atrasar, eu depois a levo até sua casa.

— Eu.... ela gaguejou, não sei... eu...

— São dois minutos. Olha! Já estamos quase em frente. Você não vai me deixar na mão, né?

— Se não demorar – respondeu ela, mecanicamente.

Dulce sentiu-se muito sem graça. Mas em poucos minutos ele já tinha escolhido alguns objetos e a envolveu de tal forma na compra que ela passou a dar palpites, como se conhecesse a prima dele.

Depois da maratona da escolha, Luís Roberto disse que estava doido de fome. Convidou-a para tomar um lanche.

— Não posso, não avisei em casa que ia chegar mais tarde – disse ela.

— Você não quer que eu desmaie, quer? Só um sanduíche.

Ela deu risada.

— Se é por falta de aviso, ligue para sua vizinha, dizendo que você está na cidade e logo estará em casa.

Depois de relutar alguns minutos, ela concordou. Ligou para a vizinha e pediu para que avisasse que ela estava no centro, com a dra. Luísa, tomando um lanche e que não iria demorar.

Foram a um pequeno restaurante. Ela estava feliz. Ele também.

V

O papo corria solto... leve. Conforme combinado, ele pegou a direção da casa dela. De repente, ele parou o carro e o estacionou junto à calçada. Ela não disse nada, não tinha coragem de levantar os olhos. Sentiu a mão dele afagando seu pescoço, puxando-a para si. Ela permanecia imóvel, com a cabeça baixa...

— Vem cá, menina... vem cá...

Ela continuava imóvel, ele passou a mordiscar sua orelha, envolveu-a nos seus braços e a beijou. Um beijo quente, ardente. Ela não resistiu, correspondeu com o mesmo desejo.

A mão dele foi descendo pelo seu colo, abrindo sua blusa, acariciando seus seios. Ela não esboçou nenhuma reação contrária. Foi deixando, embora soubesse que não devia. Não queria. Sim queria, era bom. Os beijos se sucediam, no pescoço, na boca, no rosto, nos seios. A mão dele levantou sua saia, baixou a meia-calça, em uma busca ávida pelo seu sexo. Ela já nem sabia o que era permitido ou não. Ele pegou na mão dela e colocou–a no seu membro rijo. Ela o acariciou, ele retribuiu as carícias, em dose dupla. Ele veio por cima dela. Nesse momento, ela soltou um **não**! abafado, atormentado, já entrecortado por soluços. Ela tremia. Tremia e chorava.

Imediatamente Luís Roberto se recompôs, e ternamente falou.

— Minha menina, o que foi? Não fique assustada. Eu estou aqui.

Ela continuava tremendo e chorando, agora baixinho, sem dizer uma palavra.

— Por favor, eu não queria lhe fazer mal... o que houve? Você não quer?

De forma quase inaudível, ela murmurou:

— Desculpe, eu não posso, não posso! Eu sou virgem.... virgem... E o choro tornou-se convulsivo.

Luís Roberto ficou atordoado. Jamais imaginara que ela ainda fosse virgem. Não queria magoá-la... Tentou acalmá-la; ela não parava de chorar.

— Dulce, preste atenção. Eu não queria dizer isso, não queria. Mas, diante dessa situação, eu preciso falar: Menina, eu estou apaixonado por você. Louco, maluco... Minha menina, eu não tiro você da minha cabeça. Talvez eu tenha ido rápido demais. Eu mesmo não sei mais como agir...

Dulce olhou atônita para ele. Não podia acreditar no que ouvia.

— Apaixonado, por mim? – perguntou ela.

— Sim, minha menina, por você... Eu a quero muito, muito. Há muito eu estou sentindo isso, mas não tinha coragem de falar. Hoje foi tudo tão perfeito... eu não resisti. Você está mais charmosa e sensual do que nunca.

— Luís... eu... eu...

Ele beijou-a de novo.

— Não diga nada, menina linda. Não há o que dizer... seu coração vai contar à noite para você o que foi tudo isso. O meu vem gritando o quanto a quero há muito tempo.

Sem saber como dar continuidade a qualquer frase ou pensamento, implorou:

— Melhor a gente ir indo... já está tarde. Eu nunca chego a essa hora. O pessoal lá de casa deve estar preocupado comigo...

— Claro, querida... – e ligou o carro.

VI

Dulce não conseguiu pregar o olho a noite toda. Sua cabeça parecia um turbilhão, um redemoinho. Nada fazia sentido. O Luís Roberto apaixonado. O que tinha acontecido no carro. Ela jamais tivera tanta intimidade com Leonel. Já tinham conversado sobre a questão da virgindade. Ele achava que só deveriam ter relações depois do casamento. Os argumentos dele, embora caretas, pareciam coerentes. E se por algum acaso eles não se casassem? Ele não queria se sentir culpado. Ele não se importava, mas outros podiam pensar diferente. Uma única vez chegaram perto do que tinha acontecido naquele dia. Mas ele cortou. Levantou-se e disse que era melhor parar. Ele podia perder a cabeça.

Nunca uma madrugada demorou tanto a passar. Quando clareou, Dulce levantou-se e foi tomar um banho. Olhou-se no espelho. Não se reconheceu. Algo estava diferente, além das olheiras profundas. Pensou em Leonel. Como encará-lo? Como tivera coragem de fazer o que fez? Por pouco eles não transaram... sentiu-se envergonhada.

Ao chegar ao hospital, procurou Adelaide.

— Que cara é essa, Dulce? Morreu alguém?

Ela não resistiu, começou a chorar e contou para a amiga o que tinha acontecido. Adelaide ouviu pacientemente, com toda a ternura que uma amizade pode produzir.

— Dela, eu não tenho coragem de olhar para ele nem para o Leonel. Meu Deus, estou me sentindo uma vagabunda.

— Minha querida, você está apaixonada... e muito! O Luís é muito sedutor, ele realmente deve estar apaixonado por você. Tudo estaria perfeito se não houvesse aquele porém...

— Qual? – perguntou Dulce, angustiada.

— A sra. fantasma, a que não existe nas conversas dele, mas que é esposa dele, mora com ele e tem um filho dele. A Senhora Luís Roberto.

Dulce despencou, sentiu uma zonzeira, uma confusão mental.

— Dela, eu nem tinha lembrado disso... – falou, soluçando.

— É lógico! O "belezão" finge que ela não existe! Preciso ir, mas antes vou lhe dar um calmantezinho. Espere que eu já volto.

Dulce não se mexeu, ficou estática, sentada, nenhum pensamento era concatenado. Nada tinha lógica. Adelaide entrou com um copo d'água e o comprimido.

— Tome, fará bem. Ainda temos o dia todo pela frente.

Dulce conseguiu trocar o seu horário de almoço para não encontrá-lo. Não teria coragem. No meio da tarde, Luís Roberto foi à sua sala. Ela ficou sem ação ao vê-lo.

— Eu vim até aqui para saber como você está, menina querida.

— Eu... eu... gaguejou, estou bem – disse, sem encará-lo.

— Eu quero e preciso falar com você. As coisas não podem ficar assim. Eu estou me sentindo muito mal. Por favor, deixe-me levá-la como habitualmente. Eu também não estou bem.

— Melhor não...

— Dulce, eu não estou brincando. São nossas vidas que estão em jogo, a minha felicidade, a sua, a do Leonel e a da Julieta. Por favor...

Meio anestesiada, ela consentiu.

— Está bem. Talvez seja melhor esclarecer tudo de uma vez.

Durante grande parte do percurso não falaram nada. Luís parou o carro em frente a um barzinho e disse que achava melhor eles entrarem e conversarem ali. Ela concordou. Antes de mais nada, ela ligou para a vizinha e pediu para avisar sua mãe que ela precisava fazer um trabalho fora do hospital, um problema sério com uma criança. Deveria demorar um pouco. Não chegaria tarde. Se o Leonel aparecesse, ele que não a esperasse.

A conversa começou tensa. Dulce quase não falava. Luís Roberto abriu seu coração. Confessou sua paixão, seus tormentos, seu ciúme, seu amor. Aos poucos, ela foi falando do que estava sentindo, de seus medos, do Leonel, do fato de estar noiva. Lá pelas tantas, enrijeceu o corpo, e fez a pergunta que pairava sobre eles, que até então não tinha sido aventada:

— E a sua mulher? A sra. fantasma? – falou, de forma ríspida.

— Ela é a mãe do meu filho em primeiro lugar, que não completou ainda dois anos. Meu casamento foi um erro, mas...

— Mas o quê?

— Dulce, eu não sei. Você surgiu na minha vida e me desestruturou! Eu não esperava. Você me pôs de quatro, eu estou confuso. Terminar um casamento não é fácil, ainda mais com o João Carlos tão pequeno... depois tem meus pais, a família dela. Por favor, me dê um tempo. Além disso, você tem o Leonel.

— Eu sei... eu gosto dele.

— E de mim? Você também gosta?

Ela olhou fixamente nos olhos dele, durante muitos segundos. Não disse nada. Só aproximou-se e deu-lhe um beijo apaixonado.

— Minha menina..... minha menina... eu amo você, eu amo você! Nunca senti nada assim antes. Eu me sinto com quinze anos, sonhando com a menina mais linda e maravilhosa que eu já conheci. Dê-me um beijo, deixa eu sentir os meus vinte e nove anos e que você está ao meu lado. Como é bom! Como é bom!

Ela só fechou os olhos e aconchegou-se junto ao seu peito.

VII

Nos dias que se seguiram, Dulce sentiu-se como se estivesse vendo um filme, no qual havia uma mulher e um homem apaixonados. Não conseguia pensar que tudo aquilo era real. Por isso, não sentia a menor culpa, nem conseguia pensar como seria o futuro. Só importava ficar com Luís Roberto, naquele pouco tempo do almoço e no final do dia, quando ele lhe dava carona.

Contou para Adelaide o que estava acontecendo. A amiga ouviu-a séria. Adelaide, direta como era, não deixou de perguntar o que ela faria com o Leonel. Dulce não sabia... não podia e nem queria pensar. Era loucura, mas estava feliz... era muito diferente o que sentia por ele. De repente, calou-se. Seus olhos perderam o brilho.

— Amiga, eu não posso esquecer que ele é casado. C-A-S-A-D-O!

— Esse é o grande perigo... você sabe. Você acha que ele se separaria por sua causa?

— Nem pensei nisso. E estou vivendo uma coisa arrebatadora, eu já disse, não quero pensar. Não posso. Eu não sei como tudo isso aconteceu, quando eu vi, eu já estava envolvida.

— Dulce, Dulce... ponha os pés no chão. Não agora, porque não dá! A partir da semana que vem, certo? E deu uma gargalhada. Só uma coisa – disse séria: — Cuidado para o Leonel não descobrir.

Sentia-se aérea. O seu encontro com Leonel foi mais tranqüilo do que ela mesma imaginou. Não ficou com remorsos, nem com sensação de culpa. Leonel era o conhecido; Luís Roberto, a paixão avassaladora que ia passar. Ah, se ia!

Os momentos que passavam juntos no final do dia eram sublimes. Parecia que não se viam há séculos, cada qual contando seu dia, seu cotidiano. Luís Roberto usava a desculpa do curso de inglês para prolongar o tempo que podiam ficar juntos. Dulce resolveu dizer em casa que ia fazer um curso de inglês. Assim, ao menos duas vezes na semana, teriam mais tranqüilidade.

Dulce sentia-se cada vez mais envolvida. Luís Roberto não disfarçava sua paixão. Dulce esforçava-se para não se trair na presença de qualquer de seus familiares e, principalmente, de Leonel. Mas, não conseguia parar de pensar em Luís Roberto.

Luís Roberto começou a pressioná-la para que mantivessem relações sexuais. Ela resistia. Tinha medo. Afinal, já estava há tanto tempo com Leonel e não haviam tido relações. Sentia-se firme quando estava longe de Luís, mas nos momentos em que estavam juntos, e que ele pedia ao seu ouvido para que fosse sua, acariciando-a, ela quase cedia. Só dizia: "eu não posso, por favor...", mas sabia que estava muito próxima de dizer sim.

Durante algumas semanas essa idéia de transar com Luís Roberto a apavorava. Mais uma vez recorreu à sua amiga Adelaide. Sentia-se muito constrangida em tocar num assunto tão íntimo. Mas ela estava ficando desesperada. Luís Roberto pressionando, seu desejo de ceder não podia mais ser ignorado. Mas, e Leonel? O que fazer?

— Dela, eu quero falar com você sobre um assunto muito íntimo.

Adelaide olhou-a, desconfiada.

— Estou sem graça – falou Dulce, desviando o olhar da amiga.

— Vamos! Vou ajudá-la. Tem a ver com sexo, não?

Dulce corou. Respondeu baixinho:

— Sim...

— Você dormiu com o Luís Roberto? – perguntou Adelaide, sem qualquer tipo de rodeio.

— Não, claro que não! Ou melhor... ainda não.

A cumplicidade se estabeleceu imediatamente. Dulce abriu seu coração. Expôs suas dúvidas, suas inseguranças, seus medos. Adelaide ouvia, circunspecta. Depois de muita conversa, a médica disse:

— Minha amiga, acho que não tem saída. Você não vai conseguir dizer não por muito tempo... aliás, tenho certeza. O melhor seria você transar primeiro com o Leonel. Não faça o contrário, você vai se arrepender.

— Dela, que horror! Me senti ofendida! Não sou dessas!

— Querida, não estou julgando você, só estou sendo prática. Vai acontecer, você sabe disso! Se for com o Luís Roberto, você se sentirá muito mal perto do Leonel, e no dia em que vocês forem dormir juntos, casados ou não, você vai se entregar! Você pode estragar tudo e perdê-lo de vez. Pense nisso!

A conversa com Adelaide não saía de sua cabeça. Não tinha coragem de tocar no assunto com Luís Roberto. Sabia que mais dia, menos dia, ela não resistiria aos carinhos e carícias trocados com sua grande paixão. Talvez Adelaide tivesse razão. Começou a considerar a idéia de fazer sexo com Leonel. Afinal, eles já estavam juntos há tanto tempo. Por fim, decidiu-se: ia convencer Leonel a manterem relações sexuais. Montou toda uma estratégia de sedução. Não foi fácil... Leonel tinha medo. Mas ela não. Ela queria conhecer o sexo, precisava. Depois de algumas semanas os dois foram para um motel. Leonel perguntou mais uma vez se ela tinha certeza do que queria. Ela acenou afirmativamente com a cabeça. Entregou-se.

VIII

— Dela, jura? Você vai morar com o Sérgio? Como, criatura? Você não vai casar?

— Não, amiga... nós decidimos morar juntos. Casar, nem pensar.

Dulce censurou a amiga com o olhar, mas não se manifestou.

— Dela, não é muito pouco tempo para tomar uma decisão dessas?

— Pouco tempo? – riu a médica. — Você acha um ano e meio de namoro pouco tempo? Aliás, é mais ou menos o tempo que você está com o Luís Roberto. Por falar nele, você acha que a madame não desconfia de nada?

— Claro que não! Ficou doida?

— Gente, eu não posso acreditar. Falando nisso, agora que a obra aqui do hospital está acabando, como vocês vão fazer?

— Não sei... não quero pensar. Vamos mudar de assunto, conte-me como chegaram a essa decisão... conte-me tudo. Seus pais já sabem?

— Eu estou muito feliz, vou contar hoje à noite. Acho que vai cair o mundo. Mas eu e o Sérgio não vamos voltar atrás.

Continuaram conversando por algum tempo. Dulce estava feliz pela amiga.

Nesse dia, Luís Roberto precisou sair mais cedo. Não foram embora juntos. Dulce pegou o ônibus lotado de volta para casa. Ficou pensando na felicidade de Adelaide. Ela ia viver com o homem que ela tinha escolhido, que ela amava. Sentiu-se triste. Pensou em Luís Roberto. Hoje ela tinha certeza de que ele nunca ia se separar da mulher. Poucas vezes ele tocava nesse assunto. O João Carlos era tão pequeno... Por duas vezes Dulce acabou o relacionamento. Disse mil vezes para si mesma e umas dez para Luís Roberto que o melhor era terminar. Cada um seguir seu caminho. Mas foi em vão. Na primeira vez, ficaram "longe" apenas um dia. Em outra, ela resistiu quase 96 horas! Nos últimos tempos, nem tentava mais. Leonel estava pressionando muito para marcarem a data do casamento. Mas ela não queria esse compromisso! Casar, ainda não. Ela passou a não dormir direito, buscando uma solução.

Numa dessas noites de insônia, teve uma idéia que acalmou sua ansiedade, sua angústia. Ia prestar vestibular para Direito. Sim, estudaria Direito à noite! De certa forma, estava decepcionada com a carreira de assistente social. Ela seria uma boa advogada. Leonel não se oporia. Não esperaria os cinco anos, mas ganharia tempo. Nesse intervalo, terminaria com Luís Roberto e se casaria com Leonel. Estava decidido.

Luís Roberto e Leonel aprovaram a idéia. Adelaide, quando soube, foi contra. Disse que ela precisava se decidir e não adiar a tomada de decisão. Dulce não gostou de ouvir a opinião da amiga. Entrou no curso de Direito de uma faculdade particular.

IX

No início do ano, a obra terminou e Luís Roberto foi trabalhar em outro canto. Mas isso não impedia que a visse todos os dias, à noite. Dulce entusiasmou-se com o curso. Só não tinha mais tempo para nada. Saía de casa às seis da manhã e voltava por volta das onze horas da noite. Só via Leonel nos fins de semana. Cada vez sentia menos a falta do noivo que, percebendo o distanciamento dela, continuava a pressioná-la para que marcassem a data do casamento. Dulce passou a ter certeza de que não poderia se casar com Leonel. Ela não conseguiria largar Luís Roberto, estava muito claro. Agora que ele estava longe... sentia mais falta dele. Tinha de tomar uma decisão: optar entre o casamento com Leonel, a segurança do conhecido, do trilhado, do futuro sem grandes sobressaltos, e arriscar e ficar com o homem que amava, mesmo sabendo que ele não seria seu. Pesou os prós e os contras. Na verdade, mais os prós do que os contras. Decidiu-se: ia desmanchar o noivado. Para espanto de todos de sua família e do próprio Leonel, pôs fim ao compromisso. Ninguém entendeu a atitude dela. Só ela mesma. Aliás, sua irmã Marta fez um único comentário:

— Dulce, tem um par de calças nesse angu... eu sei que tem. Mas você já está bem grandinha para saber de sua vida. Se for isso, não o apresente tão cedo, todo mundo vai virar o nariz para ele. O Leonel já era da família.

Dulce baixou a cabeça, sentiu um nó na garganta. Pensou: ele jamais virá aqui... não se preocupe. Só Deus sabe como eu queria andar com ele na luz do dia, no domingo, no sábado, nos feriados, nos aniversários.

— Minha irmã, não há como isso acontecer, eu juro! – e virou o rosto porque sentiu seus olhos cheios de lágrimas.

Na segunda-feira, como de costume, Luís Roberto foi vê-la na faculdade. Ao olhá-la, percebeu nela olheiras anormais. Abraçou-a, e perguntou:

— Não dormiu direito essa noite, menina? Está com um ar muito abatido.

— Não, eu não preguei o olho.

— Por quê? – perguntou Luís com espanto.

— Eu... eu... – gaguejou ela. Eu..

— Fale! Aconteceu alguma coisa?

— Aconteceu... – respondeu ela, desviando olhar. — Eu... eu....

Sentiu-se insegura, com medo de revelar o rompimento do noivado. Temia a reação de Luís Roberto. De repente, sussurrou: — Eu acabei o noivado.

Estupefato, Luís Roberto, sem perceber afastou-a, chegando quase a empurrá-la. Ficou lívido, sem ação.

— Pára com isso! – e pegou a mão dela para constatar se a aliança ainda estava no dedo anular direito. — Você ficou doida? – falou ele num tom ríspido, porém com a voz trêmula. — Não, não! Você não devia ter feito isso.

Dulce chorava baixinho. Viu a cólera nos olhos dele. Uma frieza, um desencanto. Não conseguia articular nenhuma palavra. O silêncio dela o enfurecia mais ainda.

— Como você fez isso comigo? Responde! – dizia ele, ameaçador. — Responde! Quem lhe deu o direito?

Ela não falava nada... só chorava, com as mãos cobrindo o rosto. Luís Roberto foi voltando ao normal, tinha vontade de partir para cima dela. Foi tentando se acalmar. Olhou para ela, ela parecia um bicho assustado, frágil. Percebeu o quanto se exaltara. Abraçou-a, beijou seus cabelos. Foi falando bem baixinho, no ouvido dela, carinhoso.

— Minha menina, eu perdi a cabeça... desculpe-me. Minha menina... eu não queria, mas eu fiquei surpreso. Você sabe que eu sou casado, eu nunca lhe prometi nada.

Ainda chorando muito, ela respondeu:

— Eu fiz isso por mim, não por nós. Eu não terminei o noivado por sua causa, ou para pressioná-lo. Eu não podia mais. O Leonel estava desconfiado, eu sempre adiando a data do casamento. Eu não quero me casar com ele. Eu não quero e não posso! Se eu tivesse tomado essa atitude por sua causa, teria contado. Eu NUNCA pedi para você largar a Julieta e o João Carlos, nunca! Eu sei quem sou na sua vida. Eu sou a outra! A OUTRA! Sem direitos! Condenada à escuridão, ao anonimato. Eu aceitei as condições que você me impôs. Só me dê o direito de decidir com quem eu devo me casar ou não!

Luís Roberto ouvia impávido. Não acreditava na explosão dela.

— Calma, Dulce – disse ele em tom defensivo!

— Não, eu não estou calma! Eu não consigo ter calma. Cansei, cansei, está ouvindo bem, doutor Luís Roberto? Chega, chega...

A raiva ainda apoderava-se dele. Mas, à medida que ela ia desabafando, ele foi se sentindo impotente, mas com um medo nada velado da nova situação. Respirou fundo e disse:

— Precisamos nos acalmar. Não há condições de conversarmos agora. Eu vou levar você até sua casa, ou perto. Amanhã conversamos?

Ela olhou para ele com muita raiva.

— Não senhor! Eu vou sozinha. Me deixa! Larga o meu braço. Eu imaginava que você fosse um frouxo, mas não a esse ponto. Você pensa que foi fácil tomar essa decisão? Eu não estou trocando o Leonel por você! Você sabe disso! Eu amo você! Amo, mas você não é alternativa!

Abriu a porta do carro bruscamente e, com a voz rouca, porém firme, disse:

— Fique com a sua vida medíocre, com suas aparências, com o vazio dos fins de semana. Pra mim, acabou! Não me procure mais! Bateu a porta com força e saiu andando, sem rumo, chorando desbragadamente.

X

Nos dias que se seguiram, Dulce parecia um verdadeiro zumbi. Andava com óculos escuros porque seus olhos eram daqueles que a qualquer ameaça de lágrimas inchavam, e ela chorava muito. Adelaide estava preocupada com a amiga. Havia dado um calmante, mas Dulce estava totalmente apática, alimentando-se mal.

— Dulce, por favor, você não pode ficar assim! Você está um trapo, uma Maria-ninguém.

— Eu sei, eu estou um lixo.

— Quem sabe não foi melhor assim? Um dia essa história tinha de acabar, podia ter tido um final melhorzinho, mas minha amiga, ele é casado, e vai continuar casado, quer você queira ou não! Vamos embora, eu levo você para casa. Ao chegarem na porta do hospital, Dulce deu um grito. Luís Roberto estava parado, próximo à porta, esperando-a. Sem que ela tivesse tempo de reagir, ele disparou:

— Menina, vim buscar você. Não agüentei de saudades.

Adelaide saiu de fininho. Ele abraçou-a assim que viraram a rua. Abraçados, unidos, colados, Luís Roberto falou:

— Não sei ficar sem você... é algo que não consigo controlar.

Na manhã seguinte, ao chegar a sua mesa, Dulce viu que Adelaide já ligara três vezes. Ela deu um sorriso, essa Adelaide deve estar doidinha para saber o que houve. Tentou ligar para o outro hospital onde a amiga trabalhava, sem resultado. Nesse momento, tocou o telefone. Dulce adivinhou quem era:

— Dulce? Adelaide.

— Oi, Dela.

— E aí? Como foi? Pela sua voz, tudo às mil maravilhas!

Dulce deu uma sonora gargalhada.

— De você não adianta esconder nada, não é? Sua bruxa! E continuou a rir.

— Conta logo, mulher!

— Está tudo bem. Mas eu não posso falar agora. Proliferam as "orelhas de Dumbo" – disse ela, diminuindo o tom de voz.

— Está bem – retrucou, desapontada. — Hoje é sexta-feira, você não quer jantar lá em casa?

— Hoje não... Dela, ainda há muito o que conversar e muito mais para namorar! Você entende, não é?

— Está bem. Mas amanhã espero você em casa, para almoçar. Sem desculpas. Estou morta de curiosidade!

— Amanhã? Ok, doutora. Beijos. Nos vemos amanhã.

As amigas encontraram-se no sábado, conforme combinaram na véspera. Dulce contou como foi a reconciliação. Estava visivelmente feliz. Adelaide ouviu, interrompendo-a poucas vezes. À medida que Dulce ia contando, o ar de desaprovação da amiga ia crescendo.

— Bom, quer dizer que você voltou e ele continua na mesma?

— Como assim? – Dulce perguntou surpresa.

— Dulce, Dulce, sua tontinha. Quer dizer que depois disso tudo ele vai ficar com as duas? Ah! não! Ele está me saindo um belo de um canalha! Que futuro tem essa relação, minha amiga? Fácil pra ele, não? E você?

Dulce corou. Sentiu-se desconfortável. Sabia que a amiga tinha razão, mas não queria entrar nesse assunto.

— Eu gosto dele. O João Carlos ainda é muito pequeno...

— Pára com isso! – retrucou Adelaide, irritada. — Que ele use esse discurso eu até entendo, mas que você endosse, já é demais!

Defendendo-se, Dulce disse alto.

— Eu sei, de tudo! Ele não está me enganando. – Mudando o tom de voz, ela prosseguiu: — Não me condene, ele é tudo para mim, ainda mais nesse momento. Eu preciso dele. Por outro lado, eu sei o quanto é difícil se separar, ainda mais com filho pequeno.

— A Julieta sabe? – perguntou Adelaide.

— Acho que não. Ou melhor, acredito que ela não queira saber. Ele quase não fala nela.

— Eles ainda transam?

— Dela! – disse alto e surpresa. — Isso é pergunta que se faça?

— Transam ou não?

— Não sei, acho que sim – respondeu baixinho, envergonhada.

— Olha aqui, minha amiga. Eu acho uma fria, uma gélida, você continuar com esse cara. Ele jamais vai assumir você! E não me olhe com essa cara de que é isso mesmo que eu espero, pois sei que não é verdade! Você queria, sim, que ele se separasse e a assumisse. Mas, no auge de seu egoísmo, ele prende as duas. Uma boa bisca esse fulano – falou ela, com muita raiva. — Mas, a vida é sua. Tudo o que eu argumentar, você vai retrucar. Por isso, ficarei do seu lado. Mas prepare os lenços... muita água vai rolar desses olhos. Ah, vai! Chega de discurso! Vou fazer outra caipirinha para a gente. Beber pra esquecer – disse ela, na tentativa de desanuviar o ambiente.

Dulce levantou-se e foi pegar o gelo.

XI

Meses se passaram. Luís Roberto mostrava-se cada vez mais apaixonado. Ela também. Dulce continuava no hospital e na faculdade, à noite. A relação deles era muito estável. Viam-se todos os dias, no início da noite. Dulce acostumara-se a não tê-lo nos finais de semana. Gostava da rotina, sentia-se ansiosa pela segunda-feira, pelo telefonema logo cedo, daquela voz amiga, querida: "E aí minha menina, como foi o seu fim de semana?"

Luís Roberto passou a freqüentar a casa de Adelaide. Iam lá, quando possível, como verdadeiros namorados. Sérgio e ele se davam muito bem. Os quatro reunidos até se esqueciam de que Luís Roberto tinha uma família, que seu cotidiano não era aquele. Dulce não reclamava. Em casa, ninguém perguntava nada, ela tinha certeza de que não desconfiavam de seu relacionamento com um homem casado. Ninguém nunca poderia saber. Marta achava estranho ela não se interessar por ninguém. Dulce desconversava. Muitas vezes, a irmã tentou arrancar dela alguma coisa. Em vão. Dulce não cobrava nada de Luís Roberto, mas seu maior sonho era que ele se separasse e a assumisse como esposa. Sim, esposa, com uma casa, com sábado e domingo. Adelaide desistira de perguntar para a amiga o que ela esperava dele, daquele relacionamento sem futuro. Dulce dificilmente se perguntava. Não queria pensar. Afinal, ele era muito legal com ela. Ele era o seu amor infinito.

Os anos passavam. No quinto ano de Direito, conseguiu um ótimo estágio num grande escritório de advocacia. Já estava com 27 anos. No escritório todos conheciam Luís Roberto, que agora era gerente comercial da empresa na qual trabalhava. Ele fazia uma carreira brilhante. Ela sentia-se envaidecida. Ninguém sabia que ele era casado. Acompanhou-a no jantar de confraternização de fim de ano. Ela o apresentou como namorado. Ninguém desconfiava de nada.

Adelaide tinha tido uma menina linda, Vanessa. Dulce era a madrinha. A vida corria tranqüila. Dulce e Luís Roberto nem comentavam mais o futuro da relação. Algumas vezes, ele dizia o quanto se sentia mal, que precisava tomar uma atitude. Para não se aborrecer, Dulce desviava a conversa. Ele jamais deixaria Julieta e o João Carlos. Sentia uma ponta de ciúmes de Julieta, não por ela, mas pela sua condição de titular. Em casa, tinha certeza de que desconfiavam que ela tivesse uma relação. Ninguém tocava no assunto. Marta se casara e estava grávida. A atenção familiar deslocou-se para a irmã caçula, para alívio de Dulce. No próximo ano estaria ganhando melhor, formada, ia morar sozinha. Sentia-se aliviada. Não tinha mais paciência para esconder nada. Pensou mil vezes em contar aos pais, à Marta. Ficou com medo. Eles eram muito conservadores. Homem casado não! Por vezes ela tinha certeza de que Julieta sabia que o marido tinha uma relação estável com outra. Não era possível. Já estavam juntos há seis anos! Seis anos! Ninguém consegue dar desculpas convincentes e plausíveis por tanto tempo, concluía ela.

XII

Numa quinta-feira, dia do curso de inglês de Luís Roberto, ele não apareceu. Dulce esperou-o por mais de uma hora. Nada! Foi embora preocupada. Na sexta-feira cedo ligou para o escritório dele. Dr. Luís Roberto não virá trabalhar hoje, foi a resposta da telefonista. Como, pensou ela? O que terá acontecido? Será que ele ficou doente? Será que aconteceu algo com o João Carlos? Sentiu um calafrio. Luís Roberto não ligou o dia todo. Ela foi ficando desesperada. Não conseguia se concentrar. À tarde, ligou para Adelaide. Não agüentava a ansiedade. No final do expediente foi para casa, na esperança de que ele ligasse. Em vão. Passou a noite acordada.

Na manhã seguinte, sentia-se desorientada. O que fazer? Pegou o telefone e chegou a discar o número da casa dele. Uma voz feminina atendeu. Dulce desligou. Era Julieta. Não teve coragem de prosseguir, embora o seu desespero fosse enorme.

Sem saber o que fazer, trancou-se no quarto. Chorava, imaginando cenas horríveis. De repente, sua mãe bateu na porta.

— Dulce, tem um moço lá embaixo querendo falar com você.

— Quem é? – perguntou, dando um pulo da cama, e já ajeitando o cabelo.

— Eu não conheço. O nome dele é Luís Roberto.

Desceu as escadas, tentando se recompor. Não conseguia pensar direito. Tinha a sensação de que aquilo não estava acontecendo realmente. Abriu a porta e viu-o muito abatido, com a barba por fazer. Não raciocinou e deu-lhe um grande abraço. Foi logo dizendo:

— Deus! O que houve? O que aconteceu, que cara é essa?

— Você pode dar uma volta comigo?

— Claro – respondeu ela, já fechando o portão. — Deixa eu ir buscar minha bolsa e avisar que vou sair. Um minuto.

Totalmente confusa, pegou a bolsa e saiu. Ele estava bem, ao menos nada tinha lhe acontecido, pensava aliviada.

Entrou no carro. Ele não dizia nada. Ela foi ficando aflita.

— Precisamos conversar – disse ele, num tom muito grave. — Aconteceu. Vamos até a casa da Adelaide. Será que ela se importa?

— Claro que não! Tenho certeza de que ela nos receberá bem.

Durante o percurso todo, ele não abriu a boca. Dulce sentia seu coração bater na boca. Milhões de pensamentos cruzavam sua mente. Não agüentou. Timidamente, perguntou:

— Tem a ver com a Julieta?

Um silêncio pesado, denso, inundou o carro.

Tomando coragem, repetiu a pergunta. A resposta foi seca, direta, como uma lança, um petardo lançado ao longe. Um estampido.

— Sim.

Ela afundou no banco. Sentiu medo e alívio.

Adelaide surpreendeu-se com a visita inesperada. Levou Vanessa no térreo, no tanque de areia, ali mesmo, no prédio. Os dois ficaram sozinhos na sala. Luís Roberto levantou-se, foi até o bar e pegou um uísque. Dulce tentava decifrar o que acontecia. Não ousou dizer que não eram nem onze horas para ele tomar uma bebida. Ele era muito cerimonioso; para fazer isso, devia estar em pânico.

Com a voz trêmula, ele disse olhando bem nos olhos dela:

— Meu cunhado descobriu o nosso caso. Contou para os meus sogros e para a Julieta. Foi horrível.

Ela olhava atônita para ele. Seu coração batia a 140 por minuto.

— Foi na quarta-feira à noite. Quando eu cheguei em casa, estava a tropa de choque a postos, pronta para me trucidar. Conseguiram. Meu sogro e meu cunhado me encurralaram no quarto, ameaçadores. Julieta estava com a mãe no quarto do João Carlos.

— Como eles descobriram? – perguntou ela, timidamente.

— Não sei, acho que me viram com você. Eles tinham fotografias nossas, você entrando no carro saindo do escritório, em dias diferentes. Provavelmente ele me seguiu ou colocou alguém no meu encalço. Sei lá! No começo tentei negar, mas não teve jeito. Fui obrigado a admitir. Ele sabe onde você mora, onde trabalha. Uma merda federal!

— E o que aconteceu depois?

— Você pode imaginar. O meu cunhado nunca foi muito com a minha cara, me chamou de canalha, bastardo e outros adjetivos nada lisonjeiros. Eles exigiram que eu deixasse você ou deixasse a casa. Não tive alternativa.

— O que você respondeu? – perguntou ela, aflita.

— Que preferia ir embora. Se eu ficasse, minha vida seria insuportável, uma vigilância interminável. Julieta teria todos os motivos para me tratar pior do que já trata. Eu abri mão de tudo. Eles me deram 24 horas para pensar. Tomei a decisão ontem à noite. Fui para a casa dos meus pais.

— E a Julieta?

— Coitada, não deram a ela qualquer chance de dizer o que ela achava melhor. Impuseram a decisão deles, e ela aceitou. Ela parecia resignada, como sempre. Acho que ela até sabia da sua existência. Eu esperava que ela ficasse chocada, mas não foi essa a reação dela.

— Vocês conversaram?

— Não, os dois "pastores alemães" impediram. Eu não queria que as coisas terminassem assim – falou ele com a voz embargada. — Eu, juro, eu não queria.

— E o João Carlos?

— Levaram-no para a casa do meu sogro, acredito eu. Não o vi mais. Estou exausto. Liguei hoje para ele, lá em casa. Ele atendeu. Me cortou o coração, foi triste falar com ele.

Dulce aproximou-se dele, afagou sua cabeça.

— E agora?

— Agora? Agora é procurar na justiça um acordo, só tenho medo que eles usem o João Carlos, ou que tentem me impedir de vê-lo. Não tem mais volta. Acabou. Acabou como começou: sem *glamour*, uma história medíocre, banal.

As semanas seguintes foram enlouquecedoras. De repente, Dulce deixou a sombra e pôde sair na rua sem medo de ser reconhecida ao lado do seu amado. Ela tinha a nítida sensação de que nada daquilo era real. Luís Roberto foi à casa dela na semana seguinte, apresentou-se. Em três semanas levou-a para conhecer seus pais, que a receberam muito bem. Não fizeram perguntas, o que foi um alívio para ela. Aos domingos, ele almoçava na casa de Dulce.

Um mês depois, Luís Roberto já estava procurando um apartamento para, teoricamente, morar sozinho. Sessenta dias depois daquela fatídica quinta-feira, ele já tinha se mudado, inclusive já com boa parte da mobília. Numa tarde de domingo muito quente, eles estavam no apartamento e, sem que ela esperasse, ele falou:

— Vem morar comigo.

— O quê???

— Vem morar comigo, nada vai mudar se fizermos isso agora ou daqui a seis meses, um ano. Eu amo você! Vem ser minha mulher, aquela com a qual eu quero ficar até o fim dos meus dias.

Ela olhava para ele sem acreditar no que ouvia. Não conseguia articular os pensamentos, nem as palavras.

— Minha menina, você não quer? – perguntou ele, com a voz grave, demonstrando receio.

— É o que eu mais quero... eu estou atônita. Quantas vezes eu sonhei com esse momento e nunca pensei que ele fosse chegar. Belisca, me beija, me deixa sentir que é real. Eu e você juntos. Meu Deus! Eu amo você!!!

A rotina de casada agradava-lhe muito. A família de Luís Roberto recebeu-a muito bem. Depois de seis meses conheceu João Carlos, um menino dócil e tímido, com apenas oito anos. Um ano depois, estava grávida. Nasceu Celina e, em seguida, Cláudio.

XIII

— Vem cá, Vanessa, minha afilhada predileta, estava com tantas saudades, um ano nos Estados Unidos! Você foi menina e voltou moça! Cansada?

— Exausta, tia. Quero tomar um banho e cama!

— Isso querida, vá descansar. Amanhã teremos mais festa, certo? Eu não comprei nada para o seu aniversário. Esperei você chegar, quero lhe dar um presente bem legal de dezoito anos. Você vai escolher!

— Não precisa...

— Precisa sim! Eu também já fiz dezoito anos, é uma data marcante. Como eu gosto muito de você, quero lhe dar algo especial. Celina, Cláudio despeçam-se para irmos embora.

Dulce ficou olhando para Vanessa. Como o tempo passa, pensou ela, eu a vi nascer. Acompanhei seu crescimento, sua vida. Ela ficou longe um ano. Passou rápido. Olhou para seus dois filhos, eles também estavam grandes, dois adolescentes

— Mãe, posso dormir aqui? O Bruno me convidou!

— De novo, Cláudio?

— Deixa mãe. Eu vou falar com a tia Adelaide que está beleza.

— Está bem. Mas amanhã você vai para casa, sem falta, certo?

— Ieba! Vamos, Bruno!

XIV

— Eu quero apresentar o dr. Luís Roberto, diretor da empresa que fará o consórcio conosco na construção da barragem.

— Desculpem o atraso, o vôo demorou quase duas horas para sair; excesso de tráfego. Vamos dar continuidade à reunião – disse ele, já tomando lugar à mesa e abrindo sua pasta.

O calor estava insuportável lá fora; em pleno fevereiro, em Ribeirão Preto, o ar fica parado, nem uma folha se mexe. Não sei como esses engenheiros conseguem viver aqui, esse calor é de matar!

Luís Roberto pensou em o quanto batalhou para ganhar aquela concorrência. Era vital para a companhia. Agora estava ele lá, organizando a nova empresa que tocaria parte dessa imensa obra.

Isabel estava na ponta da mesa. Não gostava daquelas reuniões. Aquelas definições burocráticas eram um porre. Mas, como dizer não ao superpoderoso novo chefe que pediu para conhecer a equipe toda de engenheiros? Ela era a única mulher no meio de doze homens. Mas isso não a incomodava. Estava acostumada, afinal há poucas engenheiras de barragens. Tentando parecer interessada na exposição do dr. Luís Roberto, fixou seu olhar nele. Mas, na verdade, estava analisando-o. Um homem de quarenta e muitos, pensou ela. Alto, forte, mas não era bonito, também não era feio. Todos falavam de sua competência, e também do seu gênio. Gostava muito de mandar e de ser obedecido. Falando assim pausadamente, num tom de voz tão amigável, não correspondia à fama que corria pelo escritório. Deixou-se levar por esse tipo de considerações, quando se deu conta de que o diretor encerrava a reunião. Já estava de saída quando ouviu o Álvaro, o superintendente da empresa, chamando-a.

— Isabel, venha cá. Precisamos marcar uma nova reunião para amanhã, às oito horas. Tudo bem?

— Tudo – disse ela. Pensou como faria para levar os meninos para a escola. — Bom, amanhã deixo meus filhos mais cedo na escola e estarei aqui antes das oito horas.

— Luís Roberto, a Isabel é quem vai desenvolver o cronograma com você. Ela tem grande experiência, já discutimos boa parte dele.

— Eu precisaria fazer isto cedo porque quero pegar o avião depois do almoço. Isto é, se eu não derreter antes – disse Luís Roberto, olhando para fora e imaginando o calor que teria de enfrentar.

— Realmente hoje o calor está brabo! Bom para um chopinho. Aliás, acho que não faria mal nenhum irmos tomar um chope, que tal Luís Roberto?

— Álvaro, você leu meus pensamentos. Isabel, nos acompanha?

— Eu bem que gostaria, mas...

— Ah! Isabel, um chope rapidinho. Dá uma ligada para os meninos e diga que logo, logo você irá para casa.

— Eu ...

— Isabel, vamos comemorar o início dos nossos trabalhos – falou Luís Roberto, de uma maneira muito cordial.

— Está bem – concordou ela. — Se for rapidinho, Álvaro. Vou ligar para os meninos.

Saíram os três para a mais famosa choperia de Ribeirão: Pingüim. Já passava das seis horas, mas o calor estava insuportável. Em poucos minutos estavam lá. O primeiro chope foi dos deuses, comentou Luís Roberto. Isabel concordou. Parecia melhor do que em outros dias.

A conversa fluía solta, Luís Roberto mostrava-se muito à vontade, brincalhão, bem diferente daquele homem compenetrado da reunião da tarde. Depois de alguns chopes, Isabel disse que iria embora. Os dois insistiram para que ela ficasse. Ela argumentou que os dois moleques estavam sozinhos em casa, e sabe Deus o que poderiam aprontar. E foi se despedindo. Álvaro bejou-a no rosto e Luís Roberto fez o mesmo.

— Prazer Isabel, até amanhã. Quantos anos têm seus filhos?

Ela demorou a responder. Na hora em que Luís Roberto deu dois beijos em sua face, algo aconteceu, um momento mágico, um hiato no tempo. Meu

Deus! Sentiu um choque! O que aconteceu? É esse o homem que eu quero para mim! É ele! É ele! Pai do céu, eu quero esse homem!

Atordoada com a sensação que a invadiu, não conseguiu articular resposta. Ficou ali olhando, perdida no tempo, no espaço.

— Isabel, você está bem? Você ficou lívida!

— Sim... sim... estou — disse ela, tentando se recompor. — O que é mesmo que vocês estavam falando?

— Isabel, você tem certeza de que está bem?

— Estou... foi uma sensação estranha, uma tontura. Já passou. Eu acho melhor ir andando.

Saiu ainda atordoada. Ao chegar em casa, mal falou com os meninos. Tomou um banho muito demorado, pensando no momento mágico que vivera. Tinha vontade de ligar para ele, pedir para vê-lo. Ele seria seu. Ah! Ele já era seu.

Isabel dormiu profundamente nessa noite, embora tivesse sonhado muito. Ao levantar-se, tentou se lembrar dos sonhos agitados. Não conseguiu. De repente, recordou-se de Luís Roberto! Meu Deus! Então foi real! E a sensação de estar sendo tocada na face por ele voltou, intensa, vibrante, doce, calma. Sentiu-se apaziguada. Pulou da cama e abriu o armário em busca de uma roupa adequada. Pensou nele, como será que ele gostaria de vê-la? Puxou um vestido todo florido, um dos que mais gostava, e foi em busca da maquiagem, do lápis e do rímel há muito guardados. Estava feliz. Cumpriu sua rotina diária, levando os meninos para a escola e seguindo para o trabalho. Estacionou seu carro na garagem subterrânea da empresa, seu coração batia forte. A porta do elevador se abriu no térreo, como num filme, num roteiro pré-programado, Luís Roberto entrou. Ao vê-la, deu um grande sorriso e beijou-a na face.

— Bom-dia, Isabel! Você está com uma cara ótima!

— Bom-dia! – respondeu ela – sentindo-se feliz por estar ao lado dele.

— Você parece muito animada por ser tão cedo. Foi acordada por algum passarinho que lhe segredou algo?

Ela deu uma sonora risada.

— Não, eu ouvi sinos batendo, lindos.

Ele olhou-a com ar de interrogação.

— Sinos? Sinos, sinos de igreja?

Nesse momento a porta do elevador se abriu e ele deu passagem para ela. Isabel suspirou aliviada. Que mania terrível de ser faladeira, de falar mais do que a boca. Salva pelo gongo, pensou ela; quase "frita" pelo badalar dos sinos que tocaram seu coração irremediavelmente.

O dia seguiu normalmente, só o coração de Isabel que batia diferente, cadenciado, entrando numa nova sintonia, no ritmo de um amor profundo. Sentia-se calma, tinha certeza de ter encontrado quem ela jamais esperava encontrar. Um imenso amor, o grande amor de sua vida. Não o amor da juventude, mas o grande amor que chegou para ela às vésperas dela completar trinta e oito anos.

Ela agiu de modo que ninguém percebesse o que se passava. O fato de Luís Roberto morar em São Paulo, com a família, não a incomodava. Ela nem raciocinava dessa maneira. Ela o queria, seu. Como? Não importa. Deixou-se levar pelo sonho e fantasias, onde tudo é possível. Os limites do seu desejo orientavam suas fantasias. Ele era real. E ela tinha se apaixonado. Dessa vez, de verdade, pra valer.

XV

Luís Roberto nomeou Álvaro superintendente do consórcio das empresas. Ele partiu naquela mesma tarde. A partir daquele dia, os pensamentos de Isabel tinham dono e destino. Não tirava Luís Roberto de sua cabeça. Imaginava-se ao lado dele, namorando, viajando, sendo acariciada, acariciando-o, transando. O que será que lhe daria mais prazer? Seus devaneios ocupavam parte de seus dias e noites. Mas estava feliz, a vida tinha tomado outra cor, outro gosto. Como é bom gostar, pensava ela. E quanto mais sonhava, mais real sentia o seu amor. Como quem não quer nada, andou perguntando sobre ele, mas muito discretamente. Descobriu que ele tinha mulher e três filhos, que a esposa era uma advogada conceituada na área cível. Mas isso, em momento algum, deixou-a triste ou desanimada. "Esse" Luís Roberto parecia desconectado do "seu" Luís Roberto.

Precisou falar algumas vezes com ele ao telefone. Depois de quase um mês da sua primeira ida a Ribeirão, ele retornou para ficar por alguns dias. Isabel vibrou quando soube.

A chegada dele foi ansiosamente esperada pela engenheira. Quando se encontraram, esperava que ele a recebesse de maneira mais esfuziante. Ele foi quase frio, não notou nenhum tipo de entusiasmo ou qualquer outra reação mais afetiva da parte dele. Estava ali o diretor superintendente do consórcio entre empresas, não o Luís Roberto com o qual ela tanto sonhara. Sentiu-se decepcionada. Num primeiro momento sentiu-se insegura. Pediu licença e foi ao banheiro. Quando lá chegou, olhou-se no espelho e falou alto: você é uma imbecil! Ele nem notou a sua presença! Você sonhou porque quis, acho melhor cair na real e perceber que está correndo o risco de ficar sem ele e sem o emprego, uma coisa fantástica!

Arrumou o cabelo e voltou para a sala de reuniões. Olhou para ele e sentiu seu coração bater mais forte. Esse homem tinha virado tudo de cabeça para baixo, não havia como negar. Mas, era unilateral, o inverso não era verdadeiro. Por mais que quisesse, essa era a realidade. De alguma forma esses pensamentos reconfortaram sua alma.

O dia correu normal. No final da tarde, Isabel tinha decidido ir procurá-lo, não sabia muito bem com agir, iria se aproximar. Aproveitando uma brecha, entrou na sala na qual ele estava.

— E aí? Cansado? – perguntou ela, brejeira.

— Um pouco.

— O calor continua insuportável, tarde propícia para um chope.

Ele olhou para ela com um ar surpreso. Ela continuou, arfando o peito, reconhecendo o terreno, e sabendo que podia avançar.

— Tem uma choperia nova, supergostosa...

Ele fitou-a longamente, querendo decifrar suas intenções. Ela baixou o olhar.

— Por que não? – disse ele, sorrindo com um ar maroto.

— Então está jóia. Quando você estiver liberado, me avise. Saiu da sala, leve.

Por volta das seis horas, o telefone tocou na sala, dela.

— Eu devo ficar aqui até sete e meia, me passe o endereço que eu pego um táxi e vou. Não quero prender você.

Na hora, ela percebeu que ele não queria que ninguém os visse juntos. Achou bom.

— Está bem. Vou até em casa e às sete e meia nos encontramos.

Juntou suas coisas, tinha vontade de dar um grito, de abraçar o mundo. Foi para casa tomar um banho e se arrumar. Não conseguia imaginar como a noite rolaria. Não importa, ele tinha aceitado e já sinalizara que não queria tornar público o encontro.

Na hora combinada, ela estava sentada numa mesa no canto, esperando por ele. Quando o viu entrar, sentiu seu rosto pegar fogo. Ele estava majestoso. À medida que se aproximava, foi tentando se acalmar.

A conversa fluiu gostosa, com um tom de intimidade. Conversaram sobre muitos assuntos, nada muito pessoal. Ela percebia que ele tinha entrado no jogo de sedução e estava gostando. Foi uma noite muito agradável. Na hora de ir embora, ele deu um forte abraço nela e disse baixinho:

— Foi ótimo esse chope. Gostaria de repeti-lo, se você não se opuser.

— Claro... quando você quiser. Também adorei!

— Você não gostaria de jantar comigo amanhã? Podíamos ir a um restaurante legal. Estou cansado da comida do *flat*.

— Sim...

— Olhe, não é por nada, mas talvez lá no escritório as pessoas não entendessem... gostaria que ninguém soubesse do chope e do jantar. Não que tenha alguma coisa demais, mas acho que é melhor. Você concorda, Isabel?

— Claro, claro que sim. Esse povo é doido para ver coisas onde elas não existem.

— Até amanhã. Durma bem, menina. Eu vou dormir bem.

Isabel dirigiu-se para o carro, saltitando, literalmente. Aquilo não era verdade. Tinha pintado um clima. Tinha, ela sentia. Era bom demais. Lembrou como ele olhou-a em certos momentos, sentiu um arrepio. Meu Deus, o homem que ela queria, ali do seu lado, convidando-a para sair no dia seguinte. E pedindo segredo. De repente, sentiu um sobressalto. Lembrou-se de que ele era casado. Deu com os ombros. As coisas não devem estar lá tão bem, pensou ela, senão ele teria agido de outra forma. Não importa, amanhã nós vamos jantar, isso é o que vale.

Não conseguia pegar no sono, tal a excitação em que se encontrava. Virava-se na cama, ia revivendo cada momento, revendo as expressões dele, lembrando dos sorrisos, das palavras ditas com suas diferentes entonações. Tudo fazia sentido e nada fazia sentido. Tentava encaixar todas as situações como se as coisas tivessem uma lógica linear e o que estava acontecendo pudesse ser contado numa única história, com pistas que indicassem o final. Impossível, ninguém seria capaz de antever o que estava para acontecer.

O jantar foi fantástico. Ele não se preocupou em não demonstrar que também estava se sentindo atraído, embora não fosse claro se era pela situação inusitada ou por ela. Ela lia isso nas feições dele, mas não importava. O clima de intimidade foi aumentando, ele encostou a perna no joelho dela. Ela deixou. Foi deslizando a mão sobre sua coxa direita. Ela continuou conversando normalmente; porém, foi se sentindo cada vez mais excitada. Num determinado momento houve um longo silêncio, entreolharam-se. Instintivamente os rostos se aproximaram e trocaram um beijo, calmo, tranqüilo, duradouro. Um segundo, com mais ardor, o terceiro... Ela entregou-se ao momento mágico.

— Isabel, você não quer ficar comigo esta noite?

Bem baixinho, ela respondeu:

— Não posso... não posso... Eu queria, mas não posso.

— Você é quem sabe. Não quero forçar nada.

— Hoje é impossível – disse ela, se desculpando.

— Eu vou embora amanhã, mas, se você quiser, volto em breve.

— Eu quero... e muito. Juro.

— Que bom! Menina, o que você está fazendo comigo? Pensei em você o dia todo.

— Eu? Nada...

— Vamos embora, garota, amanhã temos reuniões pesadas. Mas o fato de saber que você estará ao meu lado me deixa mais animado.

Ela recostou a cabeça no ombro dele. Estava plena.

A partir desse dia, os dois trocavam longos telefonemas todos os dias. Ele sempre ligava para evitar constrangê-la ou que alguém percebesse a intimidade entre eles.

— Bom dia, garota.

— Oi...

— Quero que você venha para São Paulo amanhã, convoquei você para uma reunião com os italianos. Já falei com o Álvaro, disse a ele que achava sua participação fundamental. Os italianos só irão embora na sexta-feira, você pode ficar ao menos até quinta-feira?

— Darei um jeito...

— O Álvaro vai chamá-la. Não concorde na primeira. Estou com saudades... louco para ver você.

— Está bem... também estou com muita vontade de vê-lo. Não acredito que você armou essa! E deu risada.

A reunião com os italianos terminou em um jantar num restaurante fino. Luís Roberto gentilmente ofereceu-se para levar a todos em seu carro. Deixou-os no hotel e foram para o *flat* onde Isabel estava hospedada. Com grande naturalidade, ele desceu com ela e subiram para o quarto. Ela se sentia angustiada, nervosa. Há meses não transava com ninguém; para falar a verdade, a única experiência que tivera depois da separação tinha sido horrível. Teve vontade de dizer que não queria, mas não teve coragem. Ela queria, e muito.

Ao chegarem no quarto, ele pegou-a nos braços, abraçou-a forte, foi beijando todo o seu rosto, seu pescoço, bem devagarzinho. À medida que os corpos iam se entrelaçando e as roupas sendo tiradas, o medo ia se esvoaçando. Sem sentir, ela foi se entregando a todas as carícias e ao prazer que ele estava proporcionando. Perdeu a noção do tempo, do espaço, do lugar. Ele a descobria e permitia que ela também desvendasse seu corpo; logo descobriram uma sintonia reservada aos grandes amantes. Suaram, gemeram, gozaram, numa química perfeita; nada parecia obsceno ou constrangedor, a experiência estava sendo única para os dois. Inesquecível....

Ficaram abraçados por um longo tempo. Ela sentia-se totalmente descontraída. Tinha sido maravilhoso, inacreditavelmente fantástico. Nunca nenhum homem a levara tão longe, tão gostoso, tão íntimo... nunca.

Olhando para o rosto dela, embevecido, feliz, ele cochichou.

— Isabel querida... você é fantástica. Olhe bem para mim: você está vendo um homem apaixonado, apaixonado por você. Garota, o que eu estou fazendo?

Ela levou o dedo até a boca dele, e impediu que ele continuasse falando.

— Luís Roberto, você é tudo o que eu quero... tudo. Fica comigo, não vamos pensar em mais nada.

XVI

O *affair* entre os dois transformou-se em uma paixão "daquelas". Luís Roberto instituiu uma reunião semanal em Ribeirão ou em São Paulo. Dessa forma, eles se encontravam com regularidade. Ela mudou; ele também. Conversavam sobre os filhos, o trabalho, a vida. Ele referia-se a Dulce como a minha mulher. Não falava quase nela. Também não dizia que seu casamento estava péssimo; não desfiava o rosário que os homens casados normalmente fazem para justificar o envolvimento com outra mulher. Ele jamais disse qualquer coisa que a desabonasse.

Ela passou a "conhecer" e a ter "intimidade" com cada um dos filhos dele, com os amigos, enfim, com o cotidiano dele. E vice-versa. Sentiam-se felizes, mais tolerantes com a vida. Ela dizia que estava vivendo a hora do recreio, o descanso merecido.

Luís Roberto e Álvaro iam para a Itália a serviço. Ela bem que queria ir, mas com o Álvaro junto seria impossível. Por vezes, ela tinha a impressão de que o seu chefe desconfiava de alguma coisa: um sorriso malicioso, um comentário inacabado. Se desconfiava, nunca perguntou nada. Álvaro chamou-a na sala, pediu a ela todos os relatórios e documentos que necessitava.

— Álvaro, por que você não vai de avião para São Paulo? perguntou ela olhando no relógio.

— Prefiro ir de carro, o "santo" Alir vai me levar. Não gosto de voar com esse tempo. Tenho de estar em São Paulo à noite. Estamos saindo antes do almoço. Além do mais, quero passar em Campinas.

No final da tarde, Luís Roberto ligou para se despedir. Ela ficou com o coração apertado, com uma ponta de ciúmes.

— Eu dava tudo para ir com você...

— Eu também, amor. Você sabe. O Álvaro ainda não chegou. A que horas ele saiu daí?

— Por volta das onze da manhã. Mas ele disse que ia passar por Campinas. Não, ele não foi guiando, o Alir, nosso motorista foi levá-lo.

– Isabel, eu quero dizer uma coisa... vou sentir muita falta sua, muita. Você invadiu a minha vida. Garota, garota... como eu posso estar gostando tanto de você? Penso em você a cada minuto... Beijos enormes, vou desligar agora, senão, não desligo mais.

Ela se emocionou.

— Ah! Luís, que vontade de não desligar... mas vá com Deus. Ligue quando puder. Eu amo você, muito!

No final do expediente foi para casa, sentia-se vazia. Os meninos perceberam que algo não estava bem. Abriu uma cerveja. Algo a incomodava. Não quis jantar. Por volta de oito horas, tocou o telefone. Ela atendeu e levou um susto: era Luís Roberto, com a voz aflita.

— Isabel, você teve notícias do Álvaro e do motorista?

— Não. Por quê?

— Eles não chegaram... com que carro eles vieram?

— Não sei. Provavelmente com o Santana novo dele. Ouvi ele dizer que ia estrear o carro na estrada.

— Você sabe a cor e a placa?

— Não! Quer dizer, o carro é azul-marinho.

— Não....

— Fale homem! Não o quê?

— Meu amor, acho que eles sofreram um terrível acidente. Liguei para a polícia rodoviária e houve um acidente envolvendo uma carreta e um Santana azul, há três mortos.

— Não pode ser... não! Só viajariam ele e o Alir.

— O motorista da carreta morreu.

— Meu Deus, Luís Roberto. Você deve estar enganado – disse ela, já com os olhos cheios de água.

— Infelizmente, acredito que não. Vou desligar e tentar saber o que está acontecendo. Ligo assim que souber de alguma coisa. Não diga nada a ninguém.

Por volta da meia-noite tocou o telefone.

— Isabel, foi ele... não sobrou nada do carro. Tive de reconhecer o corpo. Foi horrível.

— Ah, não, não...

— Já avisamos a família dele e do Alir. Eu estou atordoado. Espere alguém ligar para dar a notícia. Preciso desligar. Beijo.

Ela sentou-se na cama e ficou fitando a parede, com o olhar perdido e sem que nenhum pensamento tomasse forma... um vazio completo.

Os dias que se seguiram foram horríveis, velório, enterro, a volta ao trabalho. A consternação era geral. Na semana seguinte houve uma reunião de diretoria em São Paulo. De repente, o telefone tocou:

— Dra. Isabel? O dr. Luís Roberto quer falar com a senhora, um minutinho que estou transferindo a ligação.

— Isabel, como vai? Estamos aqui reunidos e gostaria de saber se você poderia me acompanhar na viagem à Itália. Com a ausência do Álvaro, achamos que você é a pessoa que está mais por dentro.

Ela sentiu o sangue fugir de suas faces.

— Você está brincando, não?

— Se você puder, embarcamos no vôo de sábado à noite. São apenas dez dias, teremos de ir também à Alemanha, visitar uma fábrica. Exigência dos italianos. Que bom! Claro, tire o tempo que precisar para organizar sua vida; afinal, hoje já é terça-feira.

Ela permanecia muda, estática, do outro lado da linha.

— Documentação? Seu passaporte está válido? Ficamos felizes por você ter aceito, sabíamos que podíamos contar com você. Um abraço, e desligou.

Isabel pôs o telefone no gancho e permaneceu sentada por alguns minutos. Não vinha nada à sua cabeça, sentia-se amortecida. Nesse estado catatônico, ouviu o telefone tocar novamente. Instintivamente atendeu. Era a secretária de Luís Roberto dando-lhe orientações sobre a viagem. Ela anotou tudo e em nenhum momento pensou em dizer não, na loucura que seria viajar com seu amor, seu amado, seu homem.

Os dias que se seguiram foram de total correria: deixar tudo ajeitado para os meninos, contas em dia, comprar *lingerie*, sapatos, roupas; enfim preparar-se (como pensava ela, embora não ousasse falar, para a sua lua-de-mel) para uma viagem à Europa. Mas, com a intensidade que ela desejava concretizar esse sonho (pra lá de) maluco, conseguiu deixar tudo em ordem.

Já no avião, ela olhou pela janela e custava a acreditar que estava levantando vôo, indo para a Itália. Como seriam os próximos dias? Estava tão absorta que mal sentiu a mão de Luís Roberto apertando a sua. Olhou para ele com carinho, com todo o amor que jamais sentira por homem nenhum em toda sua vida. Ele retribuiu com um sorriso à declaração estampada no rosto dela, e apertou forte sua mão.

XVII

— Isabel, se apresse! Nós vamos perder o trem!

— Calma homem! Eu já estou quase pronta. Como chama a cidade que nós vamos visitar?

Ele aproximou-se por trás dela e deu-lhe um beijo na nuca.

— Luís Roberto! Assim nós não vamos sair nunca! – virou-se para ele e deu-lhe um beijo.

Depois, disse baixinho, sussurrando no ouvido dele:

— Se existe paraíso, ele deve ser parecido com esses dias com você aqui... nem nos meus momentos de maior devaneio eu fui tão feliz como agora. Meu amor querido, meu grande amor... meu mestre e meu aprendiz.

Ele se envaideceu, viu nos olhos dela o quanto ela era sincera, transparente, verdadeira. Olhou no relógio e disse que ia até o quarto dele pegar umas coisas e voltava em cinco minutos, para saírem imediatamente. Quando ele fechou a porta, o olhar dela tinha perdido o brilho, refletia tristeza e uma certa decepção, pensou: ele vai ligar para casa, falar com a Dulce. Sentiu raiva, uma grande sensação de desconforto. Nesses momentos lembrava-se que "de fato", ele tinha uma família, era casado, pai de três filhos e que ele efetivamente não era seu, e nem seria. Seus olhos encheram-se de lágrimas, começou a chorar mansinho, uma dor fininha foi invadindo seu peito. Sentou-se na beira da cama. Não queria pensar em nada, mas dentro de sua cabeça algo martelava, cadenciado, inoportuno: amanhã à noite voltamos para o Brasil. *The dream is over*! Acabou! Os momentos mágicos ficarão na minha lembrança e só. Essa história não vai poder prosseguir, ela terá um fim. É impossível mantermos esse nível tão intenso de relação, ele em São Paulo e eu em Ribeirão. A raiva ia crescendo. Por quê? Por que eu fui me apaixonar por um homem casado? As emoções iam se misturando, raiva, compaixão de si própria, medo, amor... quanto mais vinham à tona, mais chorava. Agarrou o travesseiro e escondeu-se nele, como se aquela maciez pudesse trazer-lhe um pouco de conforto.

Luís Roberto abriu a porta sem que ela tivesse percebido. Ao ouvir seus soluços, dirigiu-se rápido até ela e perguntou:

— Isabel, você não está se sentindo bem?

Ao vê-lo, seu choro tornou-se convulsivo.

— O que houve, pelo amor de Deus, diga, querida.

Ela não respondia, chorava sem parar.

Sem saber o que fazer, sentou-se ao seu lado e abraçou-a, colocando sua cabeça contra o seu peito. Ficou acariciando seus cabelos e secando-lhe as lágrimas que desciam teimosamente por seu rosto. Ela sentiu-se protegida e foi se acalmando.

— Já dá para você falar?

— Não foi nada, saudades dos meninos, de casa...

— Isabel...

— Esquece – disse ela, limpando o rosto e tentando levantar-se.

Ele segurou-a fortemente sentada. Falou num tom enérgico:

— Me diga o que houve.

— Nada, já disse.

— Isabel, não banque a criança.

— Já passou.

— Isabel – disse ele, com irritação na voz. — Por favor, deixe de ser boba!

— Eu... eu estava pensando na volta ao Brasil, no que vai acontecer conosco. Sei que essa magia tem muito de Cinderela. Você é meu príncipe encantado, e a carruagem vai virar abóbora. Eu vivi algo que acredito a maioria das mulheres nunca teve. Um amor desses, tão intenso, correspondido, sem censuras, com companheirismo. Eu sou amada e amo muito você... Mas depois de amanhã eu vou para minha casa, e você para a sua, vai entregar os presentes que eu ajudei a comprar para os seus filhos... Essa viagem foi um prêmio que poucas pessoas obtêm. Como eu gosto de você.

Isabel não conseguiu continuar, os soluços irromperam novamente.

Ele olhou-a ternamente e também estava com os olhos úmidos. Abraçaram-se com paixão. Permaneceram quietos por alguns minutos. De repente, ele falou mansamente, com a voz trêmula.

— Escute aqui, para mim também é muito difícil, talvez mais difícil para mim que para você. Esses últimos meses transformaram a minha vida. Você é parte integrante dela, eu jamais imaginei que alguém pudesse colocar tudo de pernas para o ar. Eu preciso de você, entende? Eu não quero ficar longe, não quero e não conseguiria.

Ela olhou para ele espantada. Ele continuou, com a voz mais segura.

— Isabel, eu não sou mais criança, já passei dos cinqüenta. Estou no meu segundo casamento, tenho três filhos... eu acho que o João Carlos sentiu muito a minha falta quando era criança e adolescente; os meus filhos estão numa idade que precisam muito de um pai. A minha mulher não daria conta de criá-los sozinha, ela depende muito de mim em termos emocionais. Para você ter uma idéia, sou eu quem contrata as empregadas e as despede, ela não tem pulso forte. O Cláudio e a Celina fazem gato e sapato dela, eu represento a autoridade.

Isabel olhava incrédula para ele e disse, quase num sussurro:

— Luís Roberto, eu nunca pedi e nem estou pedindo para você se separar e ficar comigo! Por favor, não me coloque essa culpa.

— Eu sei, querida, eu sei – respondeu de forma carinhosa. — Eu estou falando por mim, nós nunca tocamos neste assunto, ele é muito delicado, dolorido, mas é preciso falar nele, eu andei pensando numa coisa.

— No quê? – perguntou ela, surpresa.

— Isabel, eu estou completamente apaixonado por você. Se eu pudesse largava tudo, família, emprego, posição, tudo para ficar ao seu lado, para assumir você. Mas eu não posso, além do mais, seus filhos têm pai, presente ou não, e eu não quero criá-los. Bem, nesses dias todos eu pensei muito no que eu deveria fazer da minha vida. Aventei a possibilidade de pôr um fim nessa relação. Imaginei que o melhor seria terminarmos tudo e eu evitaria por uns tempos ir a Ribeirão. Você é moça e bonita, logo encontraria alguém livre que pudesse assumi-la, como também aos meninos.

Ela olhou para ele com a feição tensa, seu corpo tornou-se rijo e disse num tom áspero, demonstrando grande irritação:

— Pare de querer resolver a minha vida sem me consultar! Já entendi! Temos mais 36 horas de lua-de-mel e fim! – sua irritação era tal que se levantou e quase perdeu o equilíbrio.

Luís Roberto deu risada. Ela ficou mais furiosa.

— Vem cá minha "tigrinha", você sabia que fica uma gracinha quando tem esses rompantes e faz cara de brava? – disse ele, puxando-a para que se sentasse novamente ao seu lado. Você é muito apressada, não me deixou terminar e já veio brigando comigo. Aprenda a ouvir até o final, aí você faz o que quiser, esperneia, chora, me beija, me seduz... Agora falando sério, sério demais. Isabel, eu estou pensando em não nomear ninguém para o lugar do Álvaro...

— O quê??? Como assim?

— Calma, minha garota. Eu estou pensando em ficar em Ribeirão, tocando o consórcio. Meu amor, eu quero ficar em Ribeirão para poder ficar ao seu lado.

Seus olhos arregalaram-se e ela falou desconfiada:

— Pára com isso! Você só pode estar brincando!

— Não querida, não estou. Não seria difícil eu convencer a diretoria de que a melhor solução é essa. Eu ficaria de segunda à quinta-feira ou sexta-feira em Ribeirão e voltaria nos fins de semana para casa. Nos próximos dois anos minha presença será fundamental para o andamento da obra, ainda mais agora, sem o Álvaro. O que você acha?

Ela olhava para ele sem acreditar no que ouviu.

— Acho que não entendi...

— Entendeu sim... O que você acha?

— Você trabalhando em Ribeirão durante a semana e os finais de semana em casa.

Ela olhava para as paredes, como se quisesse encontrar algum elemento que lhe desse a verdadeira noção de realidade.

— Não pode ser verdade. Não pode. Você e eu... Acho que estou delirando – concluiu ela, com um ar de quem entrega os pontos.

— Não, não está.

Fez-se um silêncio profundo, grave.

— E a sua mulher? E as crianças? – perguntou ela, timidamente.

— Eu tenho de conversar com ela e com as crianças. Mas acho que não haverá problema. Eles apoiarão a decisão que eu tomar.

Ela olhava para ele, incrédula.

— Você faria isso mesmo? Você faria isso por mim? – perguntou ela, emocionada.

— Faria, não, vou fazer. Vou fazer por você, pelo o que eu sinto por você. Minha querida, isso pode ser uma loucura, mas eu quero ficar ao seu lado. Nós merecemos isso.

De repente, ele ficou sério e disse num tom professoral:

— Porém, lembre-se sempre de que eu não vou me separar... que eu não posso me separar. E ninguém pode saber que estamos juntos, ninguém. Está claro?

Confusa, mas exultante, ela passou o braço no pescoço dele, beijou-o com todo ardor. Os corpos foram se aproximando, o desejo exalava por todos os poros. Um desejo tão intenso que era quase palpável. Ele foi tirando a roupa dela devagarzinho, como se fosse a primeira vez, redescobrindo cada centímetro daquele corpo que lhe dava tanto tesão. Cada movimento tinha uma finalidade: excitar ainda mais o ser amado, ir buscar o prazer que aflorava nos mais recônditos pedaços dos corpos, o gozo, o êxtase, o não-ser. Juntos, unidos: um só corpo e uma unidade de almas. Os dois jamais esqueceriam esse encontro completo, total, pleno, uno. Jamais.

A volta ao Brasil ocorreu sem sobressaltos. Em sessenta dias ele estava morando em um *flat* em Ribeirão. Isabel nunca fora tão feliz em toda a sua vida.

XVIII

— Dulce, você está brincando? – Adelaide olhou pra a amiga, duvidando do que estava ouvindo.

— Não, não estou.

— Como foi isso, mulher? Eu saio de férias e quando volto essa bomba? O Luís Roberto de mudança?

— Calma! Ele foi pressionado para assumir a direção do consórcio, assim que chegou da Europa. O Luís Roberto não teve alternativa, o diretor de lá morreu, naquele acidente horrível, lembra-se? Nós conversamos muito, ele queria que nós fôssemos também. Mas é impossível, as crianças iam sentir muito. A casa deles, o mundo deles é aqui. E eu não posso abandonar o escritório. Vamos fazer uma experiência, se sair um novo projeto enorme daqui a dois anos, também no interior, talvez nos mudemos todos para lá. Ainda tem muito tempo. De avião, Ribeirão é um pulo. O Luís Roberto deixou claro para as crianças o porquê da mudança, elas entenderam.

— Dulce, estou achando você muito valente! Você sabe o quanto essa casa é comandada pelo Luís Roberto. Ele é a voz ativa, e você, a passiva – disse ela, rindo.

— Não é bem assim! O Luís Roberto é muito organizado, cheio de manias, ele gosta das coisas do jeito dele, ele sempre me poupou. Talvez esteja na hora de eu retribuir. Dela, eu não sou essa incompetente que você falou – disse ela, ligeiramente zangada.

— Não estou censurando seu comportamento, só estou comentando – justificou-se.

— Nada vai mudar, durante a semana é aquela correria, nem dá tempo para pensar em nada. Operacionalmente, as coisas serão iguaizinhas.

— Veremos! E aí, fora essa grande notícia, o que mais ocorreu na minha ausência?

XIX

Nos primeiros meses da ida dele para Ribeirão, Dulce sentiu-se um pouco desarvorada, sem a presença física do marido. Mas, aos poucos, foi se acostumando e, para falar a verdade, gostando. Ela sentia-se mais livre, mais dona de seu nariz. Naturalmente, ela foi tomando as rédeas da casa, aprendendo a lidar com as empregadas e a tentar impor limites para os filhos. Algumas dessas novas posturas tiveram mais sucesso que outras. Gostava de chegar em casa, não ter a obrigação de estar bem-humorada, nem de deixar o cardápio pronto para o dia seguinte, verificar se a empregada tinha realmente limpado tudo. No trabalho, entraram grandes causas, permitindo uma retirada que jamais tivera. Num certo dia, fez uma coisa para ela até então impensável: comprou uma cômoda antiga que namorava há muito tempo. Sem pensar no valor do cheque, entrou no antiquário e a levou. Luís Roberto só soube quando chegou no fim de semana e a viu linda, num canto que parecia ter sido reservado para ela.

O relacionamento dele com os filhos melhorou sensivelmente, diminuindo o nível de cobrança. Mostrava-se mais carinhoso, conversava mais com eles, dedicava-se efetivamente a eles. Estava mais tolerante, o seu mau-humor dificilmente se manifestava; sua presença nos fins de semana era tão curta que ele queria aproveitar ao máximo os momentos em casa. Enfim, todos tinham se acostumado com a nova situação e a reordenação de papéis parecia ter sido benéfica.

Em Ribeirão, o relacionamento de Isabel e Luís Roberto fluía com a naturalidade dos apaixonados. Para evitar que o vissem entrando na casa dela regularmente, ela alugou uma chácara próxima à cidade. Luís Roberto freqüentava a casa dela normalmente. Ela o apresentou aos filhos, mas nunca explicou por que ele não ficava nos fins de semana com eles. Isabel sentia-se feliz de verdade, embora algumas vezes a incomodasse passar os finais de semana sozinha e certas datas como aniversário, Natal e *Reveillon*. Para ela, ele era seu, integralmente, de domingo à noite até sexta, na hora do almoço. Luís Roberto quase não falava em Dulce. Eles nunca conversavam sobre o futuro. Era melhor assim, pensava ela. Algumas vezes, quando ele falava do futuro e não a incluía, ela sentia-se triste, sabia o que a esperava, mas queria que esse dia nunca chegasse. Nas suas fantasias, imaginava que Dulce conheceria um major da aeronáutica, de quepe azul e tudo, se apaixonaria por ele e pediria a separação. Luís Roberto relutaria, mas acabaria concordando...

Isabel nunca se sentiu "a outra". Era incrível, ela mesma admirava a tranqüilidade com que encarava o relacionamento deles. Não sentia o menor ciúme de Dulce; por vezes, chegou a sentir pena dela. Perguntava-se repetidamente como Dulce não desconfiava de nada. Luís Roberto posava de marido exemplar na empresa, mais uma vez inventou um curso à noite, além de dizer estar freqüentando a academia. Dulce dificilmente ligava no *flat*, só no escritório. Em outras palavras, as noites eram livres, e nas poucas vezes em que ela telefonou, ele arranjou uma excelente desculpa. Isabel não conseguia entender a lógica da "esposa".

Isabel sabia que eles transavam. Depois de um tempo, passou a perceber a freqüência com que mantinham relações sexuais, e constatava que eram relativamente esparsas. Em compensação, o sexo entre eles era cada vez melhor. Como Luís Roberto conseguia administrar essa dualidade? Essa pergunta ela nunca teve coragem de formular concretamente.

Dulce não gostava de ir a Ribeirão, dizia não suportar o calor. Isabel achava estranho pensar que o homem dela estava acompanhado no "seu território". Fatos que Isabel achava absolutamente surrealistas aconteceram. Luís Roberto e Dulce foram padrinhos de casamento de um engenheiro muito chegado a ele, os filhos dele foram ao casamento. Isabel só queria ir à igreja, mas Luís Roberto insistiu para que ela fosse à festa. Ela foi. Apesar de nunca ter visto Dulce, reconheceu-a na hora. Achou-a uma superperua que nada tinha a ver com ele. Luís Roberto apresentou os filhos para Isabel. Num determinado momento, ficaram as duas lado a lado. Isabel não acreditava naquela cena mais do que inusitada e se divertia. Dulce assumindo o lugar de esposa, amante, amantíssima. No pouco tempo que pode observá-la ao lado de Luís Roberto, percebeu o quanto ela tinha medo dele, o quanto ela seria capaz de fingir estar adorando aquela situação só para não desagradá-lo. Afinal, ele era o diretor da empresa e ela, a primeira-dama. Isabel sabia que as coisas entre os dois não andavam às mil maravilhas, mas ela era a oficial, e cumpriu muito bem o seu papel.

XX

Corria o terceiro ano dessa vida, como dizia Luís Roberto, altamente sacrificada. Estava chegando a hora de uma decisão, ele sabia disso. Isabel também. Os dois evitavam tocar no assunto. Dulce e Luís Roberto atravessavam uma fase muito atribulada, ele percebia que seu casamento efetivamente estava em perigo. As discussões se sucediam, as cobranças dele e dela cresciam, os desentendimentos, a falta de paciência. Ela queixava-se com Adelaide, dizia não mais reconhecer Luís Roberto; ele, embora ausente, queria ter o controle de tudo. As crianças o enfrentavam, ele sentia-se acuado e reagia com agressividade. Ela não agüentava mais ter de ceder às vontades dele, muitas vezes só caprichos. Adelaide ouvia a amiga com toda a paciência, aconselhava-a. Porém, no domingo à noite, depois da saída de Luís Roberto, invariavelmente Dulce ligava, muitas vezes chorando, chateada, com raiva, irritada, intolerante, medrosa, melindrada... Num desses longos telefonemas, Adelaide tocou num assunto que a amiga recusava-se a tocar: "será que ele arrumou outra?" Dulce reagiu com indignação à hipótese aventada pela amiga:

— Dela, Dela! Imagine! Claro que não!

— Dulce, você já pensou sobre essa possibilidade?

— Eu conheço o marido que tenho... se houvesse outra mulher, eu teria percebido. Não, isso nunca, o que está acontecendo é que esses anos longe nos mudaram, e a readaptação é difícil.

Adelaide discordou, mas não manifestou sua desconfiança para a amiga. Adelaide já tinha visto esse filme antes, com os mesmos atores. Era inacreditável pensar que Dulce tinha vivido uma situação semelhante. Talvez fosse só uma aventura, isso era mais plausível, Luís Roberto não parecia o tipo de homem que conseguiria manter duas mulheres ao mesmo tempo. Provavelmente, uma bundinha arrebitada, peitinhos durinhos, pernas bem torneadas, uma menininha do interior deslumbrada com um homem mais velho, diretor de empresa. Nada muito preocupante.

Luís Roberto não se abria com Isabel sobre a crise de seu casamento, mas ela percebia tudo. A cada dia ele sentia-se mais perto dela, pois ela era compreensiva, divertida, amiga, confidente, amante. Ele chegou a dizer que ela era a companheira ideal. Era verdade, a rotina os unia. Porém, ele sabia que mais um pouco acabaria optando ficar ao lado de Isabel e poria fim ao seu segundo casamento. Isabel, por mais que desejasse, jamais pediu para ele ficar ao seu lado.

Nesse momento crítico para o triângulo que se formara, o "destino" acabou por resolver a situação, sem exigir de Luís Roberto a definição que ele tinha tanto medo de tomar. Ele foi convidado para assumir a presidência da empresa, devendo retornar a São Paulo. Mas, aceitar o convite não foi tão fácil como ele imaginou, pois significava terminar o relacionamento com Isabel. Ele amava aquela mulher, não conseguia se imaginar longe dela. Porém, aos cinqüenta e poucos anos, não se sentia capaz de começar de novo, queria uma vida mais calma, aproveitar o conforto que sua posição lhe trazia. Um segundo casamento fracassado, não teria coragem de enfrentar. Sabia que a volta seria difícil, haveria um "recasamento". Essa era a decisão acertada, por mais que doesse. E como doía.

XXI

Luís Roberto assumiu a presidência, mergulhou no trabalho, saía às sete horas da manhã e não voltava para casa antes das dez da noite. O convívio com Dulce beirava o insuportável, as discussões viravam brigas. A permanência dele no escritório, para ela, era inadmissível. Ele estava mais ausente do que quando morava em Ribeirão. Ele sentia falta de Isabel, ligava várias vezes por dia. Isabel sofria com a separação e percebia o caos que a vida dele tinha se tornado. O casamento dele estava por um fio. Assim mesmo, Luís Roberto continuou indo a Ribeirão no mínimo uma vez por mês. A cada ida dele, Dulce desfiava um rosário, ironizava, chegou a acusá-lo de ter outra em Ribeirão. Ele ficava furioso, reagia com agressividade, dizendo que se ela continuasse agindo daquela forma, ele realmente ia acabar formando outra família, com uma mulher menos irritante, menos ciumenta e menos burra!

Dulce passou a vigiá-lo, revistando bolsos, procurando indícios de que ele não parava mais em casa por causa de outra mulher, que o seu comportamento insuportável se dava por ele ter virado a cabeça por um rabo de saia. Ela estava convencida de que ele tinha outra. Só podia ser, mas ela não ia entregar os pontos: quem comeu a carne, agora que roa o osso. Não, ela iria atrás. Não ia entregar de bandeja o marido para outra, uma vagabundazinha qualquer. Nunca.

Adelaide estava preocupada com a amiga. A idéia de que outra era a causa das desventuras de seu casamento estava se tornando uma obsessão. A cada ida dele para Ribeirão, ela se transtornava. Ameaçava não estar em casa quando ele voltasse, que era melhor ele ir e não voltar... Ela pensou em contratar um detetive, mas foi dissuadida por Adelaide. Ela tinha certeza de que ele encontrara uma sirigaita em Ribeirão.

Luís Roberto afundava-se no trabalho. Aproveitava para viajar o quanto podia, inclusive para Ribeirão. Uma nova concorrência obrigou-o a ficar por alguns dias em Ribeirão. Ligou para Dulce dizendo que deveria ficar mais dois dias. Ela não disse uma palavra, bateu o telefone na cara dele.

Como vinha acontecendo nos últimos meses, Isabel e Luís Roberto encontravam-se no *flat* onde ele ficava hospedado e ela passava a noite com ele. Evitavam sair à noite, sentiam-se protegidos no quarto do *flat*. Conversavam longamente, ele relaxava, vivia uma trégua; ela revivia seu amor. Nessa noite, ele estava mais tenso do que o normal, chegou a comentar a atitude de Dulce, estava visivelmente irritado. Ela não queria falar sobre o assunto; de certa forma, sentia-se diminuída. Ela não deixou que ele continuasse a falar, passou a beijar e a mordiscar o pescoço e a orelha dele, correndo suas mãos pelo seu peito. Ele não resistiu, os corpos se entrelaçaram e se entregaram ao sexo. Ao final, descansados e relaxados, Isabel disse:

— Luís Roberto, estou morrendo de fome!

— Nossa, que novidade! Quer pedir algo para comer?

— Ah! Hoje não. Vamos jantar no restaurante alemão? Há tanto tempo nós não saímos para comer fora... está uma noite tão gostosa.

— Estou com preguiça... peça alguma coisa aqui mesmo.

— Nada disso, eu decido. Levantando! – disse ela, carinhosamente e arrastando-o para fora da cama. — Vamos tomar um banho juntinhos. Vem ficar cheiroso pra mim... vem.

Resignadamente, ele se deixou levar. Ela encheu a banheira de hidromassagem e os dois ficaram por mais de meia hora se banhando. Ele saiu antes para fazer a barba. Ela olhava para ele embevecida, ele parecia cansado.

— Anda garota! Cadê a fome?

— É para já, *sir*! – falou ela, batendo continência e dando uma gostosa gargalhada.

Ele já estava quase pronto, quando o telefone tocou. Ela ficou curiosa para saber quem era. Viu-o ficar lívido, respondendo com palavras curtas e secas. Imediatamente ela percebeu que era Dulce. Ele gesticulava apontando a porta, ela momentaneamente não entendeu. Ouviu ele dizendo:

— Claro que eu estou aqui, acabei de sair do banho, ia jantar. O quê???? Aqui em baixo? Vai subir?

Isabel sentiu-se atordoada. Ele gesticulava freneticamente para que ela saísse, indicando a porta. Ela percebeu que Dulce estava na recepção e que ia subir. Ela fora atrás do flagrante. Pôs a roupa de qualquer jeito, ele pediu que ela se escondesse na escada de incêndio. Atônita, ela obedeceu. Ele perdera o controle da situação, estava apavorado. Mal ela saiu, a campainha tocou. Luís Roberto abriu com a cara transtornada. Dulce foi entrando, vasculhando o território, com cara de triunfo, de quem tinha certeza de desmascarar o farsante, o mentiroso. Pisava duro, nem sequer olhava para ele. Ele permaneceu ali, parado, estático, acompanhando com o olhar os passos dela. À medida que ela ia entrando, olhando para todos os lados, sua determinação ia desaparecendo. Não havia ninguém no quarto. Luís Roberto estava sozinho. Sentou-se na beira da cama, envergonhada. A feição dele não se alterava. Olhou para ele, com uma sensação horrível, sentindo-se uma idiota, uma imbecil. Ela não devia ter feito isso. Começou a chorar. Ele sentou-se do outro lado da cama sem dizer uma só palavra. Sentindo-se acuada, levantou-se e foi ao banheiro. Luís Roberto pôs as mãos no rosto. Não, aquilo não era verdade. Por um triz, ela não o flagrou. Olhou ao seu redor para confirmar que não havia vestígios de Isabel. Será que Dulce percebeu que a cama estava desarrumada? Pensou rápido, diria que chegara cansado e tirara um cochilo, ajeitou os lençóis para dar a impressão de que só ele estivera nela.

Tentando se recompor, de repente, Dulce abriu a porta do banheiro e veio avançando em sua direção com as duas toalhas úmidas nas mãos.

— Cafajeste! Canalha! Filho de uma puta! – gritava ela, completamente descontrolada.

Ele segurou-a pelo braço. Ela se debatia e gritava que ele não prestava, estava ali a prova de que ele estivera com uma vagabunda. As toalhas estavam molhadas, ele que não negasse! Eu vou acabar com você, você vai me pagar! – gritava cada vez mais alto.

Luís Roberto empurrou-a para a cama e mandou-a calar a boca.

— Chega, Dulce, Chega! – berrava ele. — Pare com esse escândalo. Você ficou louca? Quer que Ribeirão inteira saiba do seu desvario? Chega!

— Seu imundo – disse ela com a voz cheia de ódio –, o que me diz dessas duas toalhas molhadas? e tremulava o seu trunfo no ar.

— Você é uma estúpida mesmo! Olhe só para o tamanho delas, não vê o quanto são pequenas, e você sabe que eu não suporto me enxugar com elas. Eu usei as duas, disse ele profundamente alterado. As duas, ouviu bem?

Dulce jogou as duas toalhas no chão, uma sensação de ridículo apoderou-se dela. Sentia-se uma completa idiota. Não tinha coragem de encará-lo. Baixou o olhar e sentiu-se, muito, muito envergonhada.

— Ficou feliz com o escândalo? – disse ele, já retomando o controle da situação, falando num tom mais calmo, porém demonstrando raiva.

— Desculpe-me – disse ela, baixinho.

— Desculpe? Desculpe? Fácil, não? Você vem aqui sem avisar, invade o quarto, apronta um escândalo e quer que eu a desculpe? Ah, faça-me o favor!

— Meu amor, eu estava louca de ciúmes. Me perdoa... eu não sei o que deu em mim. Eu estava com medo de perder você.

Ele respirava aliviado, mas continuou a encenação, fingindo-se muito ofendido. Ela implorou seu perdão, jurou jamais fazer isso de novo, disse que a situação entre eles estava ruim, mas que ela não queria perdê-lo. Ele começou a ceder e disse:

— Vamos descer e tomar alguma coisa, assim esfriamos a cabeça. Você já jantou?

Ela balançou a cabeça negativamente.

Isabel escondeu-se na escada de incêndio, próximo da lata de lixo do andar. Estava escuro. Ela chorava muito, mas sem emitir nenhum som. Sentia-se péssima, humilhada, magoada, a pior das piores. Ele a escorraçara. Ela não se conformava, como doía, como doía. Jamais imaginou que ele pudesse reagir assim. Não, ele não era o homem com quem convivia há quatro anos. Ele não era esse fraco, esse covarde, que não hesitou em humilhá-la para salvar as aparências. Sentia-se confusa, mas a raiva dentro dela ia se avolumando, pensou em ir até o quarto e acabar com a farsa. Mostrar para Dulce quem ela era, que eles eram amantes há muitos anos, que ela já a conhecia, como também os seus filhos. Desmascará-lo, vingar-se. Levantou-se resoluta a destruí-lo. Olhou pela fresta da porta e viu que não havia luz. Devem ter saído – pensou. Não sabia o que fazer, nem para aonde ir. Pegou o elevador e dirigiu-se para o bar do restaurante do *flat*. Sentou-se no balcão, pediu um uísque duplo, sem gelo. Não conseguia colocar seus pensamentos em ordem, a sensação que predominava era a de humilhação. Tomou rapidamente o uísque, pediu outro. Já mais relaxada, levantou-se para ir ao banheiro, passar um batom, tentar se recompor. Ao olhar para trás, viu Luís Roberto e Dulce sentados numa mesa não muito longe dela. Sentiu um baque. Recostou-se no balcão, desistiu de ir ao banheiro. Não conseguia tirar os olhos dos dois, percebia o clima de reconciliação. Sentiu-se vazia, oca. Tomou mais um gole, não conseguia parar de olhá-los. Luís Roberto foi ficando visivelmente incomodado. Dulce percebeu aquela moça alta, bebendo sozinha no balcão, que não tirava os olhos deles. Comentou:

— Eu acho horrível mulher ficar bebendo sozinha em um bar. Aquela lá não tira os olhos daqui, especialmente de você. Você, mesmo cinqüentão, ainda atrai profundos olhares. Só que você é meu, e eu não divido com ninguém.

Aproximou-se dele e deu-lhe um longo beijo... falando entrecortado, carinhosamente:

— Meu. Só meu... de mais ninguém.

O Olhar do Psicólogo...

De mais ninguém